Mirella Kuchling

Mörderische Frauenzi

13 historische Kriminalgeschi

edition
keiper

www.editionkeiper.at
© edition keiper, Graz 2023
1. Auflage April 2023
literatur nr. 140
Cover, Layout und Satz: textzentrum graz
Coverfoto: Adobe Stockfoto 292803323 Andrey Kiselev
Covergestaltung: Karin Kröpfl
Autorenfoto: privat
Druck und Bindung: Totem
ISBN 978-3-903322-84-4

Mirella Kuchling

MÖRDERISCHE FRAUENZIMMER

13 historische
Kriminalgeschichten

Inhaltsverzeichnis

»Seit Lucrezia Borgia bin ich die Frau,
die am meisten Menschen umgebracht hat,
allerdings mit der Schreibmaschine.«

(Agatha Christie, 1890–1976)

Hugo Keiper, einem großen Unterstützer
auf meinem literarischen Weg,
ganz herzlich gewidmet.

Vorwort

Mit Mary Ann Cotton zum Galgen zu gehen und mit ihr zu sterben, zappelnd und grausam. Das tut weh und es entfacht Mitleid mit der Frau.

Das ist eine seltsame Regung, ich weiß. Immerhin hat sie drei Ehemänner, einen Geliebten, einen Freund und elf Kinder um die Ecke gebracht. Ein gieriger, rachsüchtiger, mordlustiger Mensch.

Und trotzdem rührt mich ihr Schicksal.

Ich habe mir den Kopf darüber zerbrochen, was da faul mit mir ist. Aber irgendwann musste ich zugeben, dass das nichts mit mir zu tun hat. Es liegt an der Fähigkeit der Autorin, aus den 13 simplen Mordberichten literarische Kleinode zu formen. Storys voller Empathie erzählt, manchmal mit einem Schuss Ironie, manchmal mit trockener Härte dargestellt. Wir reisen mit ihr um die Welt, von Missetat zu Missetat – vergiftet, erdolcht, erwürgt, alles dabei. Und wir tauchen mit den Geschichten in Milieus und Schicksale ein, verfolgen die manchmal allzu tragische Rolle der Frau inmitten einer gebieterischen Männerwelt.

Sollten Sie, liebe Leserinnen und Leser, auf den folgenden Seiten also das bange Gefühl haben, mit Ihnen stimme etwas nicht, weil Ihnen zwar nicht die Taten selbst (hoffe ich), aber die mörderischen Frauen ans Herz gewachsen sind, bleiben Sie ruhig. Mir ging es gleich. Lesen Sie ruhig weiter. Es liegt an der Autorin.

Bleibt nur die Frage: Wäre Mirella Kuchling selbst Mörderin, wer fände sich dann, so gekonnt über sie zu fabulieren?

Robert Preis
Frühjahr 2023

Einleitung

Von *manchen* hat man bereits etwas gehört oder gelesen, zumeist nicht viel und sehr oft nichts Bestimmtes. Andere hingegen sind längst in Vergessenheit geraten. Frauen, die das taten, was man meist nur Männern zutraut: mit Akribie und Leidenschaft morden. Ob aus Habsucht, Neid oder purer Lust, das zarte Geschlecht versteht es, ebenso grausam zu sein wie das starke.

13 historische Fälle mörderischer Frauenzimmer werden in dieser Sammlung vorgestellt. Oftmals sind die Fakten dürftig, so wurde einiges dem jeweiligen Zeit- und Lokalkolorit sowie der Person der Mörderin bzw. Serienmörderin nachempfunden. Nicht selten gehen die Quellen auch in divergierende Richtungen, dann wurde jener Version der Vorzug gegeben, die am wahrscheinlichsten erscheint. Jedes Leben besteht immerhin nur zum Teil aus der gelebten Realität. Der Rest ist in den Gehirnen der Außenstehenden Fiktion, kann aber nichtsdestotrotz wahrer oder wahrscheinlicher sein als alles andere.

Eines wird jedenfalls in jeder einzelnen Geschichte deutlich: Die Fantasie reicht oft nicht an das heran, was Menschen fähig sind zu tun. Ohne Zweifel schreibt die Realität die grausamsten Geschichten.

Mirella Kuchling

Als Grundlage dieser Kriminalgeschichten dienen wahre Begebenheiten, die anhand der Quellenlage rekonstruiert und literarisch bearbeitet wurden. Oftmals widersprechen sich die historischen Dokumente, das reicht von der Schreibung von Namen, angeführten Daten bis hin zu (angeblichen) Fakten. In solchen Fällen wurde die wahrscheinlichste Variante herangezogen. Da es sich hierbei um literarische Texte handelt, basieren die Interpretationen auf einer persönlichen Einschätzung der Sachlage bzw. der Vorstellung, wie die Geschichte der jeweiligen Serienmörderinnen sich in deren (Innen-)Leben abgespielt haben könnte. Nichtsdestotrotz wurde möglichst auf die Entwicklung der jeweiligen Person(en) geachtet, Bezug nehmend darauf, wie diese in den vorhandenen und der Autorin zugänglichen Quellen geschildert wird bzw. werden. Für die historische Richtigkeit wird keine Garantie übernommen.

Jegliche Ähnlichkeit mit heute lebenden Personen ist rein zufällig.

JANE TOPPAN, DER TODESENGEL VON MASSACHUSETTS

Vereinigte Staaten

Nach und nach erstarben die Geräusche im weiten Flur des General Hospital. Die Ärzte und Schwestern, die bereits seit den frühen Morgenstunden auf den Beinen gewesen waren, hatten ihre Berufskleidung abgelegt und machten sich auf den Heimweg. Entfernt hörte man noch ihre angeregten Unterhaltungen über jene, die heute das Zeitliche gesegnet und jene, die wie durch ein Wunder überlebt hatten. Ja, dachte Jolly Jane und legte das Klemmbrett gewissenhaft auf den Tisch, Wunder geschehen überall. Da sie eine umgängliche, fröhliche und zugegebenermaßen rundliche Person war, passte dieser Spitzname vorzüglich zu ihr und sie trug ihn mit Stolz. Jetzt beugte sie sich über das Bett und betrachtete Amelia Phinney eingehend. Die längste Zeit schon hatte sie sich Notizen gemacht, übrigens nichts, was von oben angeordnet worden wäre – sie ging ihren eigenen Studien nach. Liebevoll strich sie der Patientin über das Haar. Es war auf eine gewisse Art eindrucksvoll, welche Verwüstung eine Operation, die letztlich dann doch half, im Gesicht der Rekonvaleszenten hinterließ. Um Jahre gealtert sahen sie aus, wenn sie aus dem Operationssaal geschoben wurden, und alte Menschen, das hatte Jane Toppan nicht nur sich selbst immer wieder gesagt, hatten eigentlich kein Recht zu leben. Unnütze Esser waren sie, die Betten belegten, die andere nötiger brauchten als sie.

Aber das war im Moment ohne Belang, denn das Morphium, das sie der Patientin mit der Bemerkung, dies wäre ein unglaublich wirksames Schmerzmittel, vorhin in einer viel zu hohen Dosis verabreicht hatte, tat seine Wirkung. Eine Welle der Erregung fegte über Jane hinweg, rasch hob sie ihre Röcke, erkletterte das schmale Eisenbett und schon war sie über Amelia Phinney. Sie nahm ihr Gesicht in die Hände und küsste leidenschaftlich die bleiche Stirn, auf der sich Schweißtropfen gesammelt hatten, danach die geschlossenen Lider, die Schatten darunter, die Nase, den Mund. Letzterer hatte es ihr am meisten angetan, so sanft und rosig war er ... Mannsbilder hatten meist Bartstoppeln im Gesicht oder überhaupt einen Bart, und wenn sie auch meinten, das würde nur ein wenig kitzeln, so stach es erbärmlich und rieb die Haut ab wie Schmirgelpapier. Jane rutschte ein Stück weiter auf den Körper, den sie bald ganz bedeckte und schob ihre Zunge in den Mund der Patientin. Sie spürte den bitteren Geschmack nun selbst. Plötzlich schreckte sie ein Geräusch auf. Flinker als man das einer Person ihrer Korpulenz zugetraut hätte, schob sie sich vom Bett, zog ihr Kleid nach unten, schüttelte das Bettzeug auf, raffte das Klemmbrett an sich und verließ hastig den Raum. Amelia Phinney wachte am nächsten Morgen wie gewohnt auf und wunderte sich über ihre wirren Träume. Erst vierzehn Jahre später sollte sie erfahren, dass sich all das wirklich zugetragen hatte.

Jane schwebte den Gang entlang, wie rettende Engel es so an sich haben. Dann setzte sie sich im Schwesternzimmer an den Tisch und trank eine Tasse Tee. Während sie in der dampfenden, goldgelben Flüssigkeit rührte, schweiften ihre Gedanken ab und bald fand sie sich in der ärmlichen Schneiderwerkstatt ihres Vaters wieder. Voll Unmut runzelte sie die Stirn. Er war ein Säufer gewesen, ein Tunichtgut, und als ihre Mutter Bridget starb, war alles den Bach runtergegangen. Jane, die damals noch Honora Kelley hieß, war erst ein Jahr alt gewesen, als ihre Mutter den letzten Atemzug tat. Die Tuberkulose machte eben keinen Unterschied, ob man daheim noch gebraucht wurde oder nicht. So waren die Mädchen dem Vater anvertraut, der traurige Berühmtheit erlangte, als er sich selbst die Augenlider zunähte. Jane lachte bitter auf. Hinter vorgehaltener Hand tuschelten sich die Leute damals zu, dass er seine Töchter zu lieb gehabt hätte. Ein Vater, so allein …

Jane nahm einen weiteren Schluck Tee und ihr Gesicht verfinsterte sich. Wenn eine Nachtschwester hereingekommen wäre, hätte sie sich sehr gewundert und sich gefragt, ob Jolly Jane nicht etwa krank wäre. Da sei Gott vor, sie hatte eine wahre Rossnatur, sonst hätte sie auch nicht das Boston Female Asylum überstanden, in das ihr Vater sie und ihre Schwester schließlich gebracht hatte. Delia war damals gerade einmal acht gewesen, sie sechs.

So schlecht war das Institut, das musste Jane, wenn auch widerstrebend, zugeben, aber doch nicht gewesen. Immerhin hatte sie eine respektable Familie zu sich genommen. Das war so üblich, es war keine Adoption im eigentlichen Sinn. Jane hatte Glück, sie wurde schon nach zwei Jahren und nicht erst mit zehn, wie es üblich war, von Mrs. Ann C. Toppan und ihrem Gemahl zu sich nach Hause geholt. Ihre Lebensgeschichte war etwas frisiert worden, sie galt nun als italienische Waise, ihre Eltern wären auf hoher See ums Leben gekommen, hieß es. Irische Kinder waren nun einmal nicht sehr beliebt, zu viel hörte man von ihren Eltern … Honora war damit so etwas wie ein Dienstmädchen, erhielt im Gegenzug aber einen neuen Vor- und Nachnamen. Und eine Zukunft. Ihre Schwester Delia würde ihre Chance nicht nutzen, sie landete schließlich als Hure auf der Straße und soff genauso wie der Vater. Nellie, der zweiten Schwester, sollte es auch nicht viel besser ergehen, sie endete in einem Irrenhaus. Aber sie, Jane, sie hatte es geschafft! Mit einer knappen Geste strich sie sich eine widerspenstige Haarsträhne aus dem Gesicht: Aus Jane Toppan war etwas geworden, und sie hatte vor, noch viel mehr zu werden, aber das war ihr kleines Geheimnis. Das trug sie immer bei sich, und wenn sie zuweilen daran dachte, strahlte sie über das ganze Gesicht. Das sahen die Ärzte gern, das ließ die Patientinnen und Patienten Hoffnung schöpfen. Dass dabei auch eine Welle der Wollust durch Janes Körper brandete, bemerkte niemand. Man war doch letztlich mit sich selbst beschäftigt und – wie heißt es so schön: zuerst die Arbeit, dann das Vergnügen. Wenn man beides zusammen haben konnte, umso besser …

Die Teetasse war leer und es war höchste Zeit, nach Hause zu gehen. Jane wusch sie aus und stülpte sie zum Trocknen um, damit sich keine ekligen Fliegen in der Nacht darauf niederließen und ihre Beine aneinander rieben. Danach kleidete sie sich an. Mustergültig tat sie das, so wie alles. Sie war stets eine gute Schülerin gewesen, sie hatte dem Ehepaar, das sie aufgenommen hatte, keine Schande bereitet. Auch am Hospital war sie fleißig, keine angehende Krankenschwester hatte so eine Liebe, ja nahezu Leidenschaft zur Autopsie entwickelt wie sie. Was gab es Schöneres als diese raschen, tiefen Schnitte, die das Innerste nach außen kehrten? Der Körper der Verstorbenen wurde dadurch beinahe gläsern, keines seiner Geheimnisse konnte er für sich behalten. Leider war ihr zugegebenermaßen etwas morbider Hang aufgefallen und hatte sich herumgesprochen – bis hinauf zur Verwaltung. Nun gut, zumindest von ihren kleinen Experimenten mit Morphium und Atropin hatte niemand etwas bemerkt. Und auch nicht, dass immer wieder Kleinigkeiten in ihren Taschen verschwanden.

Als Jane achtzehn geworden war, zwei Jahre war das jetzt her, hatte sie die Lowell High School abgeschlossen, die Toppans hatten sie von ihren Verpflichtungen losgesprochen und ihr 50 Dollar in die Hand gedrückt. Jane schritt etwas schneller durch den langen Korridor und öffnete einen der beiden Türflügel, um in den klaren Abend hinauszutreten. Sie war bei der Familie geblieben und als ihre Pflegemutter, oder als was auch immer sie Anne Toppan bezeichnen sollte, starb, bediente sie deren Tochter Elizabeth. Elizabeth war freundlicher als die Mutter und heiratete bald den Diakon Oramel Brigham, der Jane für ihre Zwecke sehr gelegen kam und ihr möglicherweise sogar ein bisschen gefiel, worüber sie sich allerdings nicht wirklich Gedanken machte. Das Leben war wie ein Spiel, wenn man sich die Figuren zu lange ansah, bekam man Angst davor, sie zu verlieren.

Jane Toppan trug ihre zwei Gesichter mit Stolz und Befriedigung. Bei der Arbeit war sie die ewig gut aufgelegte, gutmütige Jolly Jane, privat aber sah sie des Öfteren zu tief ins Glas, erzählte Witze, die weit von dem entfernt waren, was man aus dem Mund einer jungen Frau sonst zu hören bekam, und am allerliebsten säte sie Zwietracht unter ihren Freunden und Bekannten. Sie wusste eben, wie man sich amüsiert. Nur mit den Männern wollte es nicht so recht klappen. Einer ließ sie gar vor dem Altar stehen, was man einfach nicht tut und was, da war sich Jane sicher, sie erst zu all dem verleitet hatte, was sie tat und noch tun würde. Mit einem netten Mann und Kindern um sich, im Kreise einer trauten Familie, wäre sie nichts anderes als eine vorbildliche Ehefrau und Mutter geworden. Aber was noch nicht war, konnte immer noch werden – und so machte sie sich daran, sich das Leben so zu richten, wie es eigentlich hätte sein sollen. Wobei ihr der Zufall zu Hilfe kam, denn bald wurde sie aus dem Hospital entlassen. Obwohl sie wunderlich war und man, trotz aller Geheimniskrämerei, so einiges über sie wusste, wurde sie als private Krankenschwester wärmstens empfohlen.

Etwas Zeit war inzwischen vergangen und Jane lächelte befriedigt, während sie eilig durch die Stadt schritt. Ab und zu wich sie einem Betrunkenen aus, der mitten auf dem Weg vor sich hindöste, und immer wieder musste sie ihre Röcke raffen, um über etwas hinwegzusteigen, das sie lieber nicht näher in Augenschein nahm. Sie war nicht untätig gewesen in der Zwischenzeit, neben ihren Pflegeeltern ruhte eine siebzigjährige Dame namens Mary McKelly im Grabe, vor der Zeit, versteht sich, denn Jane hatte sie alle gepflegt. Alte Leute, so liebte sie es nach wie vor zu sagen, waren eine Last, besonders wenn sie kränklich wurden, kraftlos und launisch. Auch eine ihrer Freundinnen hatte dran glauben müssen, und gerade ihr hatte sie besonders gern beim Sterben zugesehen. Und sie hatte deren Stelle an der Theological School übernommen, leider nur kurz, denn in der Verwaltung war man der Meinung gewesen, sie hätte sich Gelder angeeignet, aber das war belanglos. Janes Gedanken kehrten zurück zu dem, was sie am liebsten tat und dachte: dem Morden und den Giften. Es war erstaunlich, dass jeder anders auf das Gift reagierte, oder eigentlich auf die Dosis, denn die machte die Musik. Die unheilige Krankenschwester war interessiert daran herauszufinden, wie weit sie gehen konnte, wann ein Patient noch zu retten war und wann man dem Tod nicht mehr von der Schippe springen konnte. Wie ein Alb hockte sie ihren Opfern auf der Brust und sah ihnen wollüstig beim Sterben zu. Im Todeskampf küsste sie sie besonders zärtlich, überall auf den Körpern verteilte sie ihre Liebesbeweise, bis die Welle über sie kam und sie mit sich fortriss. Manchmal blieb sie danach liegen und beobachtete die Gesichter der Verschiedenen, aber was einmal tot war, das verlor seinen Reiz, denn – wie schon ein altes Sprichwort sagt: Der Weg ist das Ziel.

Dass ihr dann im Urlaub ausgerechnet die Tochter ihrer Pflegeeltern über den Weg lief, sah Jane als göttliche Fügung. Sie genoss gerade ein paar Tage in Buzzards Bay und Elizabeth Toppan Brigham gestand ihr, dass sie sich schon seit Längerem nicht mehr wohlfühle, das Leben ihr schal und leer erscheine, sie nichts mehr freue und überhaupt nichts mehr Sinn mache. Der Kontakt der beiden war in all den Jahren niemals abgerissen und Jane hatte immer wieder einmal ein paar Tage im Haus ihrer Jugend verbracht. Hier aber konnte sie Elizabeth genau dorthin locken, wo sie sie haben wollte. Und so waren die beiden Frauen zu einem Picknick aufgebrochen, Jane trug einen wohlgefüllten Korb und breitete an einem abgeschiedenen und beinahe romantischen Platz eine Decke für sie beide aus. Elizabeth labte sich an Corned Beef, Toffees und mit Strychnin versetztem Mineralwasser, als wäre es ihr letztes Mahl – und das war es auch, denn das Gift heilte ihre

Depressionen für immer und riss sie mitten aus dem Leben sechs Fuß tief unter die Erde. Jane genoss den Anblick der Sterbenden, sie hielt sie in ihren Armen und gab sich dabei den schönsten Zukunftsträumen hin, die es jetzt nur noch zu verwirklichen galt. Das größte Hindernis war glücklich aus dem Weg geräumt.

Wie ein Geschwür setzte sie sich in Elizabeths Haus fest. Nach drei Tagen lebte Edna nicht mehr, die trotz ihrer 77 Jahre noch den Haushalt geführt hatte. Aber Diakon Oramel Brigham war nicht zu bekehren, er wollte nichts von Jane wissen, und sie wollte einfach nicht wahrhaben, dass der Witwer sie verschmähte. Eine Prise Gift würde Wunder wirken, so dachte sie und verabreichte dem Spröden eine Dosis, die ihn an den Rand des Grabes brachte. Wie ein Engel umsorgte sie ihn danach und brachte ihn zurück in diese Welt. Aber wie alle Mannsbilder war der Diakon undankbar und verwies sie nach der Rettungsaktion seines Hauses, obwohl sie mit einem Kind von ihm schwanger war, so beteuerte Jane. Was natürlich nicht der Wahrheit entsprach, es sollte sein Herz erweichen. Leider auch das vergeblich. So musste Jane denn ihren Koffer packen. Ihre verschmähte Liebe aber traf sie mitten ins Herz oder besser gesagt dorthin, wo gewöhnliche Leute eines haben. Und so suchte sie selbst den Tod, nicht das erste Mal übrigens, aber von eigener Hand das letzte Mal. Die Überdosis Morphium wirkte jedoch nicht so wie sie sollte und Jane Toppan wies sich selbst ins Spital ein, wo sie gerettet werden konnte.

Wieder genesen hielt sie abermals Ausschau nach einem neuen Leben. Dass sie, wo immer sie hinkam, den Tod brachte, erfuhren ihre Opfer stets zu spät oder besser nie, denn die Toten kümmerte es nicht mehr und die Krankenschwester hatte ihren Spaß gehabt und war stets auf der Suche nach neuen Herausforderungen. Aber ein Detektiv interessierte sich umso mehr für sie, denn in der Familie Davis hatte sie so rigoros aufgeräumt, dass man stutzig geworden war.

Begonnen hatte alles damit, dass Jane ein kleines Landhaus in Bourne von der Familie mietete. Da sie sich als säumige Zahlerin erwies, stattete ihr die Frau des Hausherrn einen Besuch ab. Gerne nahm diese einen Cocktail entgegen, den die Mieterin ihr reichte, aber das Morphium und die Atropine darin bekamen ihr schlecht. Sie kam, sie trank, sie starb und bot dabei der gespannt zusehenden Jane ein Schauspiel jener Art, wie diese es liebte. Der trauernde Witwer beging einen nicht mehr gutzumachenden Fehler, als er Jane in sein Haus aufnahm, denn nun kannte ihre Lust zu töten keine Grenzen mehr. Neben ihm brachte sie auch seine beiden verheirateten Töchter Minnie und Geraldine unter die Erde und Minnies Schwiegervater gegen sich auf. Dieser brachte den Stein ins Rollen und so wurde Minnies Leichnam ausgegraben und auf dem Seziertisch obduziert. Er enthielt ausreichend Gift, um Jane zu überführen. So wurde sie mit Beginn des Herbstes verhaftet und im Sommer darauf vor Gericht gestellt.

31 Morde gab Jolly Jane Toppan schließlich zu, an die hundert dürften es gewesen sein. Ganze acht Stunden lang wurde ihr Fall im Barnstable County Courthouse verhandelt, nach nur 27 Minuten fällten die Geschworenen ihr Urteil. Sie sprachen die Serienmörderin von jeder Schuld frei und erklärten sie für unzurechnungsfähig. Der wenig

geliebte Vater war ihr schließlich zu Hilfe gekommen, denn wie sollte die Tochter eines Schneiders, der statt Stoff seine Lider vernähte, nur annähernd normal sein? 36 Jahre später schloss Jane Toppan mit 81 Jahren im Taunton State Hospital für immer die Augen. Ob ihre Opfer sie bereits im Jenseits erwarteten, werden wir wohl nie erfahren.

Jane Toppan wurde 1854 als Honora Kelley in Taunton, Massachusetts, geboren. Ihre Mutter starb an Tuberkulose, als sie noch ein Kind war, ihr Vater war Alkoholiker und wurde »Kelley, der Verrückte« (»Kelley the Crack«) genannt. 1863 kamen Honora und ihre ältere Schwester Delia in das Boston Female Asylum, von wo Honora, die jetzt Jane hieß, adoptiert und als Dienstmädchen angestellt wurde. Nach Absolvierung der Lowell High School blieb sie noch eine Zeit lang bei der Familie Toppan, mit 26 Jahren begann sie dann eine Ausbildung zur Krankenschwester im Cambridge Hospital. Ihre Stelle am Massachusetts General Hospital verlor Jane Toppan, weil sie unbekümmert Opiate ausgab. Trotzdem und obwohl sie auch als diebisch galt, wurde sie privat als Krankenschwester empfohlen. So konnte sie ungehindert ihr erklärtes Ziel, mehr Männer und Frauen zu ermorden als jeder Mann und jede Frau, die jemals gelebt hatten, verfolgen. 31 Morde konnten Jane Toppan nachgewiesen werden, ihren eigenen Angaben zufolge kam sie auf hundert Patientinnen und Patienten. Aufgrund ihrer unzähligen Selbstmordversuche wurde sie als geistig abnorm und damit unzurechnungsfähig eingestuft. Sie starb 1938 im Taunton State Hospital.

MARIE PÖSCHL, KINDSMÖRDERIN AUS LEIDENSCHAFT

Österreich

Fleißig und geschickt war Marie, das musste ihr der Neid lassen. Mit Nadel und Faden konnte sie so gut umgehen wie manch eine Nachbarin mit ihrem Mundwerk. Seit anno 1882 weilte sie nun schon auf dieser Erde, gottesfürchtig war sie und brav. Sie lebte in Thal bei Graz und führte ein stilles Leben, bis ihr die Mannsbilder einen Strich durch die Rechnung machten und sie in einen Abgrund rissen, aus dem sie nicht wieder herauskam. Aber das wusste die junge Frau zu diesem Zeitpunkt noch nicht. Sie biss einen Faden ab, strich den Stoff glatt und machte sich an den nächsten Auftrag. Die Arbeit ging ihr stets flott von der Hand und ihre Stiche waren feiner und gerader als die der meisten anderen Näherinnen. Was sie tat, tat sie mit Liebe – und die Liebe war es auch, die sie schließlich zu Fall brachte.

Eigentlich war Marie spät dran, was die jungen Burschen betraf. Noch hatte sie keinem Liebeswerben stattgegeben, im Gegensatz zu ihren Freundinnen, die bereits manch einen in ihr Bett gelassen hatten. Ein bisschen hatte sie hier und da aufgeschnappt, wie es denn so wäre, bei einem Mann zu liegen. Anderes war ihr hinter vorgehaltener Hand anvertraut worden, und wenn sie ganz ehrlich war, hatte sie nicht die Hälfte davon verstanden, und vorstellen konnte sie es sich ohnehin nicht. Innerlich war sie einfach noch nicht so weit, obwohl sie von außen betrachtet die Blicke auf sich zog. Nicht, dass sie besonders hübsch gewesen wäre, aber ihr Gang hatte etwas Beschwingtes, dazu hatte sie ein junges Gesicht und auch alles andere, was man so braucht, um den Mannsbildern zu gefallen.

Marie wollte sich jedenfalls Zeit lassen, deshalb war sie auch schon an die zwanzig, als sie sich zum ersten Mal verliebte. Gleich in zwei Knechte gleichzeitig hatte sie sich verschaut, denn wie das Schicksal es nun einmal will, ist entweder kein Mann zur Hand oder gleich zwei oder drei. Sich zu entscheiden ist schwer, und dann trifft man oft auch noch die falsche Wahl. Marie ging jedenfalls in dieser Sache ihren eigenen Weg: Sie traf beide Männer, aber beileibe nicht zur selben Zeit. Da sie eine ehrliche Person war, erzählte sie beiden von der Konkurrenz. Aber der Erstere glaubte ihr offenbar nicht und der, den sie zuletzt kennenlernte, tat die Geschichte mit einer Handbewegung ab. Er hörte sie wohl, verstand aber kein einziges Wort, denn ihm war im bildlichen Sinne des Wortes alles Blut zu Kopf gestiegen. Oder aber woanders hin. Als Marie alles für sich geklärt hatte, begann sie zu begreifen, was eine ihrer liebsten Freundinnen ihr einmal zugeflüstert hatte. Mit der körperlichen Liebe sei es so: Wenn man sie nicht kennenlernte, wüsste man ohnehin nicht, was einem fehlt. Wenn man sie aber einmal gekostet hat, will man immer mehr davon.

Die älteren Frauen, die Marie kannte, sagten geradeheraus, dass es ein Krampf wäre mit ihren Männern und sie froh, wenn diese ihr Mütchen anderswo stillten. Immerfort Kinder zu empfangen, auszutragen, zu gebären und zu erhalten, wäre ein Kreuz. Bei diesen Worten schlugen sie dann auch rasch eines und wandten die Augen zum lieben Herrgott. Dabei nickten ihre Zuhörerinnen weise und tuschelten, wie sie ihre Mannsbilder hinhalten würden oder es zumindest versuchten. Marie lächelte, wenn sie das hörte, denn sie würde nicht so dumm sein, sich ein Kleines anhängen zu lassen, sie nicht. Leider hatte das aber mit Dummheit wenig zu tun, denn was sollte man schon groß tun, um zu verhindern, dass sich eine Leibesfrucht einnistete? Die beiden Knechte, die Marie schöntaten und ihr auch ab und zu eine Blume oder einen Apfel zusteckten, bevor sie die junge Frau zu ihrer Bettstatt zogen, kümmerten sich um nichts. Sie waren nun einmal das starke Geschlecht, sie gaben und die Frauen durften ihre Samen empfangen, was weiter damit geschah, scherte sie nicht.

Besonders gut meinte es der Himmelsvater jedenfalls nicht mit der jungen Näherin. Vielleicht missbilligte er ihren Lebenswandel, den man als lose bezeichnen konnte, und manch einer tat das auch hinter vorgehaltener Hand, auch wenn Marie sich nicht verändert hatte und geschickt und fleißig war wie eh und je. Als die junge Frau dann merkte, dass sie tatsächlich schwanger war, war ihre Angst groß. Da wurde gelauscht und heimlich herumgefragt, ob nicht jemand eine Möglichkeit wisse, der ungewollten Leibesfrucht beizukommen, denn der Abbruch einer Schwangerschaft war ein Verbrechen und sollte es noch lange bleiben. Irgendwie hatte Gott dann aber doch ein Einsehen mit der Verzweifelten. Im vierten Monat rieselte plötzlich Blut warm ihre Beine hinab, viel Blut, und der Fötus löste sich von selbst aus der mütterlichen Hülle und war tot, bevor er noch richtig zum Leben erwacht war. Marie schickte ein inniges Dankesgebet gen Himmel und vergrub den kleinen, kaum entwickelten Körper in der Nähe ihrer Wohnstatt. Sie schwor, sich nicht mehr mit den Mannsbildern abzugeben, sondern auf den Richtigen zu warten, der sie zum Weibe nehmen und ehrbar machen würde. Und wenn der ausbliebe, dann wollte sie lieber allein als in Schimpf und Schande leben.

Wohl gedacht war das, aber das Schicksal machte ihr gut fünf Jahre später einen gewaltigen Strich durch die Rechnung. Wo sie ihn zum ersten Mal gesehen hatte oder er sie, wusste Marie schon bald nicht mehr, so verdrehte ihr dieser Mann den Kopf. Er war Knecht im herrschaftlichen Schloss Thal und damit nahezu eine Respektsperson. Außerdem war er dreizehn Jahre älter als die Näherin und ein erfahrener Mann. Geld hatte er, das versicherte er gleich zu Anfang. Geld genug, um sie zu heiraten und irgendwo ein neues Leben mit ihr anzufangen, vielleicht gar ein kleines Geschäft zu eröffnen. Das klang alles so gut und schön, aber wenn Marie sich besser umgehört hätte, wäre ihr nicht verborgen geblieben, dass ihr Liebster schon einige Male wegen Diebstahls abgestraft worden war und nicht mehr Geld sein Eigen nannte als eine Maus Käse im Schuldturm.

Johann Koß, so hieß Maries neue Flamme, log, sobald er den Mund auftat. Er hatte sich in die schmucke Marie verschaut und sein Sinn stand nach ihr und manch anderes auch. So redete er von baldiger Heirat und tat ungemein betrübt, weil der Pfarrer vom Grazer Kalvarienberg kein Aufgebot bestellen konnte. Zumindest nicht so rasch, denn er, Johann, hatte sich ihm durch einen Irrtum, ein Missverständnis, das wirklich jedem passieren konnte, als ausgedienter Soldat vorgestellt. Und nun fehlten ihm die notwendigen Dokumente. Hätte Marie nur ein bisschen besser hingehört, wäre ihr manches erspart geblieben, aber

Johann hatte ihren sonst so wachen Verstand vernebelt. Ja, man darf wohl getrost annehmen, dass sie ordentlich verliebt in ihn war. Die Hochzeit konnte man nun leider nicht vollziehen ohne den Pfarrer, die Hochzeitsnacht hingegen sehr wohl, meinte der liederliche Mann. Ein bisschen Übung würde ohnehin nicht schaden und so übten die beiden, bis Marie wieder schwanger war. Mit dem Bauch, der Marie wuchs, verging dem zukünftigen Kindsvater auch die Freude an der jungen Frau. Wobei von Heirat ohnehin keine Rede mehr war, als 1908 der kleine Hans auf die Welt kam. Marie dachte, dass er zumindest für seinen Sohn Alimente bezahlen würde, aber da war Johann ganz anderer Meinung. Er stellte ihr ein Ultimatum: Sie dürfe in Ruhe und Frieden weiterleben, wenn sie allein für das Kind aufkäme. Andernfalls brächte er sie um.

Marie traf die Entscheidung weiterzuleben und zog zusammen mit ihren Eltern nach Gösting bei Graz. Sie war nach wie vor eine gute Näherin, aber nun sollte sie für ihre 74-jährige Mutter, ihren kranken Vater und natürlich auch den kleinen Hans gleichzeitig sorgen. Irgendwie schaffte sie das, sie hatte bislang ja alles gemeistert, jedenfalls so gut es ging. Sie war kein gefallenes Mädchen und wollte auch keines werden. Was sie allerdings immer wieder zu Koß zog, verstand sie wohl selber nicht. Er kam regelmäßig von Thal nach Gösting, aber statt sich zu entschuldigen und alles in Ordnung zu bringen, bestellte er sie in ein Gasthaus und redete so lange auf sie ein, bis sie sich ihm hingab. Wieder und wieder und auf alle Fälle einmal zu oft, denn sie wurde abermals schwanger. Johann war das egal, er wollte auch mit diesem Kind nichts zu tun haben und sagte rundheraus, dass Marie es einfach umbringen solle. Und falls sie das nicht wolle, solle sie eben schauen, wie sie damit zurande komme. Sein Problem wäre es jedenfalls nicht.

Die junge Frau war verzweifelt, aber sie musste handeln, denn ein weiteres Familienmitglied hätte sie mit ihrer Hände Arbeit nicht ernähren können. Und so schnürte sie ihren Leib. Je größer ihr Nachwuchs wurde, umso fester zog sie zu. Bis sie im März 1909 einen gesunden Buben in ihrem Bett zur Welt brachte. Niemand hatte etwas von der Schwangerschaft bemerkt, das lag wohl auch daran, dass ihr Vater inzwischen todkrank war und daher keiner so besonders auf sie achtete. So war es ein Leichtes, dem Kleinen ein Band um den Hals zu legen und es so lange zuzuziehen, bis er seinen letzten Atemzug tat. Neben Marie Pöschls Bett stand eine Kiste, darin ließ sie den kleinen Leichnam verschwinden – und da lag er dann zweieinhalb Jahre lang, verweste, vertrocknete und die Insekten taten sich an ihm gütlich.

Marie war gezeichnet, sie haderte mit ihrem Schicksal. Und dann verdrängte sie alles, auch den kleinen Toten, denn Johann stellte ihr wieder nach. Aber diesmal bedrängte er sie nicht mehr in der Wirtschaft vor den Augen der anderen. Nun ging er jeden Sonntag von Thal nach Gösting, baute sich vor dem Haus der Unglücklichen auf und schrie Zeter und Mordio. Sie solle herauskommen, er werde sie anzeigen! Wegen Kindsmordes! Und als ob dieser Radau nicht genug wäre, schrieb er ihr auch Karten und Briefe voller Gemeinheiten und Drohungen. Mit all dem Lärm wollte er erreichen, dass Marie ihm abermals zu Willen war. Anfangs sträubte sie sich wohl noch, aber dann hatte sie die Hoffnung, dass all das aufhören würde, wenn sie sich ihm hingab, und sie tat es. Mit Widerwillen, aber doch.

Und als ob diese Tortur nicht schlimm genug gewesen wäre, wurde sie abermals schwanger. Im August 1910 brachte Marie ihr drittes Kind, wie bereits gewohnt, mutterseelenallein auf die Welt. Kaum hatte sie die Nachgeburt aus sich herausgepresst, beförderte sie das Neugeborene ins Jenseits. Ob sie dabei Gewissensbisse verspürte oder durch den vorangegangenen Mord bereits abgestumpft war, bleibt ihr Geheimnis. Diesmal war es ein Mädchen, das den bereits bekannten Strick um den Hals gelegt bekam. Marie zog zu, zunächst vorsichtig, dann fester, bis das kleine Lebewesen zu zappeln aufhörte und sein kurzes Leben aushauchte. Still war es danach, totenstill, nur die fetten Fliegen summten und hofften auf eine nährstoffreiche Brutstätte für ihre gefräßigen Maden. Die ganze Nacht über lag das Mädchen noch im Bett der Mutter, vielleicht herzte und koste sie den kleinen Körper und tat ihm Abbitte für das, was sie ihm angetan hatte. Litt unter dem Mord, den die Umstände ihr gleichsam aufgezwungen hatten, und hätte das Mädchen viel lieber heranwachsen und reifen sehen. Aber die Zeiten waren grausam zu Frauen wie Marie und so musste auch sie grausam werden, um überleben zu können.

Diesmal war es die Erde, die das kleine Mädchen aufnahm, es verschlang und eigentlich nie mehr hätte freigeben sollen. Die unglückliche Kindsmutter vergrub den Leichnam unweit ihrer Holzhütte und wusch sich danach die Hände so lange in einem Eimer mit kaltem Wasser, bis sie den beißenden Schmerz schließlich doch spürte. Doch auch diesmal hieß es weitermachen und sich nichts anmerken lassen. Das hatte Marie im Laufe der Jahre gelernt, lernen müssen, und das tat sie wieder und immer wieder. Dieses Mal aber fiel den anderen Frauen auf, dass Marie viel Gewicht verloren hatte. Ein paar von den Weibern standen zusammen und tuschelten, später stellte eine schwatzhafte Bekannte Marie zur Rede. Aber diese wusste allen Argwohn zu zerstreuen: Ja, so sagte sie, sie war schwanger gewesen, aber Dr. Haller, den kannte die andere doch wohl, hatte das Kind weggemacht, denn noch ein Kleines konnte sie unmöglich ernähren. Mit Hans hätte sie genug zu tun, er war inzwischen schon ein richtiger kleiner Wirbelwind. Man durfte ihn rein gar nicht mehr aus den Augen lassen! Das verstand Maries Bekannte wohl und so brachte sie die Nachricht rasch unters Volk, und zwar um einiges rascher, als sie dies sonst getan hätte, da Marie sie um Verschwiegenheit gebeten hatte.

Maries Peiniger wurde von der nun wieder schlanken jungen Frau abermals angezogen und brachte sie trotz allem, was er ihr bis dahin angetan hatte, durch Drohungen dazu, das Bett mit ihm zu teilen. Und wie der Teufel es so haben wollte, schwängerte er sie abermals. Im Oktober 1911 brachte die Näherin ihr letztes Kind auf die Welt – und sorgte sogleich wieder dafür, dass es von ihr ging. Diesmal mit einer Schnur, die sie um den kleinen Hals legte und kräftig zuzog. Das Morden war zur Routine geworden, leicht fiel es ihr wohl kaum, denn wer tötet schon gerne sein eigen Fleisch und Blut? Trotzdem, inzwischen waren die Nachbarn aufmerksam geworden: Marie nahm zu und gar zu schnell wieder ab und dass eine wie sie sich den Dr. Haller gleich zweimal leisten könne, glaubte ohnehin keiner. Wer der Kindsvater war, war inzwischen ebenfalls bekannt, und dass der kein Geld besaß, hatte sich schon lange herumgesprochen. Warum jedoch niemand eingriff und Marie zu Hilfe kam, bleibt ein Rätsel. Dafür aber wurde sie, als ob sie noch nicht genug gelitten hätte, angezeigt. Die junge

Frau brach zusammen und gab alles zu: den Verkehr mit Johann, die Schwangerschaften und die Tötung der drei Neugeborenen. Der Kindsvater jedoch schwieg verstockt. Als die Polizei ihn holen kam, war er noch sicher, sich mit seinem großen Mundwerk aus der Affäre ziehen zu können. Er war ein Mann, er hatte das Sagen, wer würde dem blöden Frauenzimmer schon glauben? Noch dazu, wenn es einen so losen Lebenswandel geführt hatte! Trotzig stand er da. Und wenn er den Mund auftat, dann nur, um Marie zu belasten. Dass sie schwanger gewesen war, hätte er nicht bemerkt. Wie sollte er auch, die Weiber würden ja alle mit dem Alter immer dicker werden, brummte er vor sich hin. Und getötet sollte sie ihre Kinder haben? Davon wisse er sowieso ganz und gar nichts. Und überhaupt hätte er sie auf keinen Fall dazu angestiftet!

Die Briefe, die Marie in kluger Voraussicht – oder aus sentimentalen Gründen, möglicherweise auch aus einer Mischung aus beidem – aufbewahrt hatte, sprachen eine andere Sprache. Da stand schwarz auf weiß, dass Johann Koß ein Lügner war. Und Schlimmeres. Das Gericht beriet sich und kam zu folgendem Urteil: Die unglückliche Kindsmörderin wurde zu zehn Jahren schwerem Kerker verurteilt, ihr Peiniger ebenso. Verschärft wurde die Strafe durch ein hartes Lager vierteljährlich.

Was aus dem kleinen Hans wurde, der zum Zeitpunkt der Verurteilung seiner Mutter die Welt noch kaum verstand, ist nicht überliefert. Aber der Strick, mit dem Marie Pöschl ihr viertes Kind vom Leben zum Tode brachte, ist noch heute erhalten.

Marie Pöschl war eine im Jahr 1882 in Thal bei Graz geborene Näherin. Sie galt als brav und arbeitsam, verfiel aber dem Knecht Johann Koß, der im Schloss Thal beschäftigt war. Er war alles andere als vertrauenswürdig, aber Marie gab sich ihm hin und wurde schwanger. Obwohl der Kindsvater sie bedrohte, gebar sie ihren Sohn Hans. Durch Druck und offenbar auch mit Gewalt brachte Koß die junge Frau immer wieder dazu, mit ihm Beischlaf zu pflegen. Insgesamt drei Kinder bekam Marie Pöschl noch von ihm und alle brachte sie vom Leben zum Tod. Als sie aufgrund ihrer ständigen Gewichtsab- und -zunahme ins Gerede kam und angezeigt wurde, gestand die junge Frau alles. Ihr Peiniger versuchte alle Schuld auf sie zu schieben, aber Marie Pöschl hatte seine Drohbriefe aufbewahrt und so wurde auch er zu zehn Jahren Kerker verurteilt. Die weitere Geschichte Marie Pöschls sowie ihres überlebenden ersten Sohnes Hans ist nicht überliefert. Die wenigen noch erhaltenen Details über ihr Leben finden sich in dem im Jahr 2013 bei Leykam erschienenen Buch »Räuber, Mörder, Sittenstrolche«. Ingeborg Gartler schildert darin die Sachlage, soweit die Fakten des Falles, die aus den Akten rekonstruiert werden konnten, heute noch bekannt sind.

SARAH CHESHAM, GENANNT SALLY ARSENIC

England

Zwei Frauen waren es, offenbar in ärmlichen Verhältnissen lebend, die irgendwo in einem verschlafenen Provinznest in Essex nach Arsen verlangten. Der Mann hinter dem Ladentisch musterte sie interessiert über den Rand seiner Brille hinweg, beinahe wie ein Inspektor, obwohl sich die beiden sicher sein konnten, dass er keiner war. »Ja, haben Sie denn nicht mitbekommen, dass Arsen seit der Sache mit Sarah Chesham nicht mehr an Unbekannte verkauft werden darf? Wenn ich Sie kennen würde, zumindest eine von Ihnen, wäre es kein so großes Problem, aber selbst wenn eine für die andere bürgt ... und außerdem ...«, bei diesen Worten nahm er seine Brille ab und begann sie umständlich zu putzen, »... bekommen Frauenzimmer ohnehin kein Arsen mehr. Da müssen Sie schon Ihre Männer vorbeischicken!« Als er sah, dass die beiden protestieren wollten, setzte er sarkastisch lächelnd hinzu: »Ich weiß, meine Damen, ich weiß: die Ratten, die Kakerlaken, das Ungeziefer, die lästigen Ehemänner und Kinder ...« Nach diesen Worten drehte er ihnen einfach den Rücken zu und begann in einem der Regale die grünen und braunen Flaschen und Fläschchen sorgsam zu schlichten.

Man schrieb das Jahr 1851 und Sally Arsenic, wie man Sarah Chesham genannt hatte, spukte in vielen Köpfen herum, so als ob sie noch immer ihren schauerlichen Totentanz auf dem Gefängnisdach vollführen würde. Zum Gaudium oder zur Belehrung der gaffenden Zuschauerschar, an die 7.000 übrigens und hauptsächlich Frauen, die der Serienmörderin den Tod wünschten und sich zudem ein Schauspiel abseits des täglichen Einerleis gönnen wollten.

Die beiden Frauenzimmer standen nun auf der Straße und steckten die Köpfe zusammen. Natürlich hatten sie von dem neuen Gesetz gehört, aber sie hatten doch gehofft, in diesem kleinen Nest noch etwas von dem Gift kaufen zu können. Sie schimpften leise auf den herzlosen Ladenbesitzer und fragten sich, wie sie sich den gewalttätigen Mann, der der Gatte der einen und der Bruder der anderen war, denn nun vom Halse schaffen sollten. Er war ein Trinker und Schläger und das, was er bei seinen Raufereien auf der Straße einstecken musste, teilte er daheim großzügig wieder aus. Es war ein Hundeleben, das die Frauen führten, und das sah man ihnen auch an. Gut, dass man im viktorianischen England nicht allzu alt wurde, aber auch so glaubten die beiden, es keinen weiteren Tag mehr aushalten zu können.

Sarah Chesham aus Clavering, Essex, hatte es einige Jahrzehnte zuvor hingegen nicht schlecht getroffen. Sie war neunzehn Jahre jung und konnte noch gut verbergen, dass sie bald Mutter werden würde. Ihr Mann Richard war anständig, und wenn er auch nicht die damals übliche Reihenfolge eingehalten hatte, so führte er die Schwangere doch zum Traualtar und versorgte sie danach fleißig. Vor allem in Sachen Nachwuchs gab er sich Mühe, als Farmarbeiter verdiente er nämlich nicht sehr viel Geld, was er aber hatte, das gehörte seiner Familie. Sechs kleine und bald auch etwas größere Mäuler waren es, die Sarah zu stopfen hatte: Harriet, Philip, John, Joseph, James und George wuchsen heran wie die Orgelpfeifen, die Älteste kam 1829 zur Welt, der Jüngste zehn Jahre später. So hatte Sarah ein Jahrzehnt ihres Lebens damit verbracht, sich der morgendlichen Übelkeit hinzugeben, sich in Wehen zu winden, unter beinahe unerträglichen Schmerzen zu gebären, schmutzige Windeln zu wechseln, ärmliche Mahlzeiten zu kochen, den Boden zu fegen und Wäsche, die nur mehr aus Flicken bestand, zu waschen und zu stopfen. Überall war sie gleichzeitig gewesen und doch hatte sie nichts zu Ende gebracht, denn ständig rief eines der Kinder nach ihr oder aber ihr Mann.

Mit 34 Jahren beschloss Sarah, dass es nun genug sei und sie sich ein Quäntchen Ruhe verdient habe. Warum es gerade Joseph und James traf, bleibt ein Geheimnis, vielleicht aßen sie mehr als alle anderen, machten besonders viel Ärger oder zerrissen ihr Gewand noch häufiger als ihre Geschwister. Vielleicht spielte aber auch der Zufall Schicksal und gerade sie bekamen die beiden Schüsseln, deren Inhalt nicht nur ungenießbar, sondern giftig war. Den zart süßlichen Nachgeschmack von Arsen merkt man kaum, aber selbst wenn die Mahlzeit nicht gar so gut gewesen wäre, hätten die beiden Jungen wohl nichts gesagt, denn verwöhnt durfte man nicht sein, wenn man arm war, dann konnte man sich gleich hinlegen und sterben. Joseph und James taten das jedenfalls sehr bald, doch zuvor klagten sie noch über schlimme Bauchschmerzen und erbrachen sich heftig. Bald war nichts mehr in ihren Bäuchen, das herauskommen hätte können, aber sie würgten und würgten und das war beileibe kein schöner Anblick. Vom Geruch ganz zu schweigen. Und die Geräusche, die die beiden von sich gaben, stülpten auch den anderen den Magen um. Dr. Hawkes stellte die Totenscheine aus, gewissenhaft schrieb er den schmerzhaften Abgang der beiden Kinder der Englischen Cholera zu, die damals gerade ihr Unwesen trieb. Zu zweit legte man Joseph und James in einen Sarg und begrub sie auf dem Friedhof von Clavering. Sarah hatte einen guten Zeitpunkt gewählt, möglicherweise mit Absicht, denn sie handelte gerne nach Plan, und als Mutter, wenn auch nur mehr als vierfache, war Planung ohnehin das halbe Leben.

Für ihre Kinder, die noch lebten, wurden die Portionen ein kleines bisschen größer, denn vier hungrige Mäuler essen bekanntlich weniger als sechs. Die Familie lebte weiter wie bisher, aber die Nachbarinnen tuschelten hinter vorgehaltener Hand und die Nachbarn beneideten den armen Farmarbeiter ein gutes Stück weniger um seine hübsche, fleißige Frau. Man wusste ja nicht, auf wen sie es als Nächstes abgesehen haben könnte. Eineinhalb Jahre später wurde dann doch die Behörde aufmerksam, denn ein weiteres Kind starb in Sarahs Umfeld, ein Säugling, und noch dazu nicht ihr eigener. Es handelte sich um den Sohn der ledigen Lydia Taylor. Die Entbindung war noch ohne Komplikationen verlaufen, der Kleine war kerngesund, aber nachdem Sarah ihre Bekannte besucht hatte, verfiel der Säugling zusehends und starb.

Die beiden Frauen, die das Arsen nicht bekommen hatten, waren inzwischen wieder zurück in ihrem Heimatdorf, das zufällig Clavering hieß. Sie erinnerten sich noch gut daran, wie Sarah Chesham aus dem Haus geschleppt worden war, um vor dem Magistrat in Newport im Fall des kleinen Solomon Taylor befragt zu werden. Die Polizei ging niemals zimperlich vor, zumindest nicht mit armen Leuten, und Sarah hatte so laut ihre Unschuld beteuert, dass sie die halbe Straße aus den Häusern gelockt hatte und bald eine kleine Menschenmenge zusammengelaufen war. Schließlich breitete sich die Nachricht, dass Joseph und James aus ihren Gräbern geholt werden sollten, wie ein Lauffeuer aus. Ein paar mutige Burschen hielten sich hinter Grabsteinen versteckt, als der Totengräber den Sarg wieder ans Tageslicht hievte und die beiden halb verwesten kleinen Körper auf ein Brett legte. Dr. Brook und Mr. Brown machten sich über den Mageninhalt der beiden her und sandten Proben nach London, wo bereits die Spezialisten darauf warteten. Der Totengräber klagte bei dem schauerlichen Prozedere über nichts weiter als seine Rückenschmerzen, während die Burschen hinter den Grabsteinen noch lange Albträume plagten von dem, was sie gesehen hatten.

Am 11. März des Jahres 1847 begann der erste Prozess gegen Sarah Chesham vor dem Schwurgericht von Essex. Dr. Taylor, der den Mageninhalt der so früh aus der Welt geschiedenen Söhne der Angeklagten untersucht hatte, äußerte sich zunächst über jenen des kleinen Joseph. Der Oberste Richter Justice Denman lehnte sich über sein Pult und hörte aufmerksam zu: Eine tödliche Dosis Arsen war im Magen des Jungen gefunden worden. Die Geschworenen zogen sich für zehn Minuten zurück und erklärten die Angeklagte für unschuldig, denn es gab keinen Beweis dafür, dass Sarah das Gift verabreicht hatte. Am folgenden Tag trat das Gericht noch einmal zusammen, doch im Fall des kleinen James war Arsen nicht nachweisbar und Sarah Chesham wurde wiederum freigesprochen. Auch in Sachen Solomon Taylor saß man zu Gericht, ein Farmer namens

Thomas Newport war verdächtig, das Arsen für die Angeklagte besorgt zu haben, der Fall verlief aber letztlich im Sand. So kam es, dass die Frau, die ihre Kinder so herzlos in die Grube gebracht hatte, auf freiem Fuß in ihr Heimatdorf zurückkehren durfte.

Die beiden Frauen erinnerten sich noch gut daran, wie die später Verurteilte hoch erhobenen Hauptes über die Türschwelle getreten war, nicht ohne sich noch einmal umzudrehen und der gaffenden Menge, die sich versammelt hatte, zuzulächeln. Selbstsicher und zufrieden sah sie aus. Vielleicht ein wenig zu zufrieden, vor allem wenn man sich daran erinnerte, wie gefasst sie am Sarg ihrer Söhne gewesen war, keine einzige Träne hatte sie vergossen! Manche sagten später gar, sie hätten gesehen, wie ein feines Lächeln ihre Lippen umspielt habe. Sogar die angesehene *Times* berichtete vom Gerichtsverfahren und schürte die Vorbehalte der Menschen weiter. Doch es musste noch mehr passieren, um jenen die Augen zu öffnen, die über Recht und Unrecht entschieden, und wie es meist der Fall ist, musste noch jemand – in diesem Fall ein Ehemann – daran glauben. Es war durchaus nicht ungewöhnlich, dass Frauen sich im viktorianischen England freier fühlten, wenn ihre Männer unter der Erde lagen. Zu viel Gewalt hatten diese noch über sie, die hohe Arbeitslosigkeit ließ manchen zum verzweifelten Trunkenbold werden und andere wiederum behandelten ihre bessere Hälfte von Haus aus nicht anders als Vieh. Von Richard Chesham war nichts dergleichen bekannt, aber das heißt einerseits nicht viel und andererseits hielt es Sarah keineswegs davon ab, ihm bei passender Gelegenheit den Garaus zu machen.

Die beiden Frauen hatten immer wieder den Kopf über die Nachbarin geschüttelt. Wer ohnehin bereits verdächtigt worden war und dann trotzdem nicht aufhören konnte, Gift zu verabreichen, war entweder verrückt oder besaß jene eigentümlich verworrenen Gedankengänge, die Mörder nun einmal auszeichnen. Sarah Chesham jedenfalls ließ sich weder von den Blicken und dem Getuschel rundherum abhalten noch von der Vernunft. Vielleicht dachte sie, dass sie ohnehin schon viel zu lange gewartet hatte, und so starb der ihr angetraute Gatte im Mai des Jahres 1850 im Alter von 43 Jahren. Seine Lunge hatte schon längere Zeit nicht mehr mitgespielt, was dazugekommen war, waren heftige Magenschmerzen und weitere Symptome, die sein letztes Lebensjahr empfindlich schmerzhaft gestalteten. Dass er eine Teufelin im Hause hatte, ahnte er entweder nicht oder wollte, wie so viele, das Offensichtliche nicht sehen. Dafür aber wurde die Polizei hellhörig, ordnete die Obduktion des bereits zu Grabe getragenen Mannes an und brachte die Witwe hinter Schloss und Riegel, als – wie vermutet – Arsen im Mageninhalt gefunden wurde.

Das war eine aufregende Zeit für alle ringsherum, und sogar ein Kommissar namens John Clarke kam aus Newport nach Clavering und durchsuchte das Haus, bald nachdem die Hausfrau abgeführt worden war. Er nahm einen Sack Reis mit, der zugleich mit dem Inhalt des Magens des Verstorbenen analysiert werden sollte. Bald hatte man es schwarz auf weiß: In Magen und Reis war Arsen. Dazu trat zu diesem Zeitpunkt eine ehemalige Freundin der mutmaßlichen Mörderin auf den Plan. Ihr Name war Hannah Philipps und sie war einmal so vertraut mit Sarah gewesen, dass sie sich gegenseitig all ihr Leid geklagt hatten. Um der Wahrheit die Ehre zu geben, hatte vor allem Hannah geklagt, denn ihr Mann war ein Scheusal, und ohne sich regelmäßig bei der Freundin auszuweinen, hätte sie den Strick genommen. Ihre damalige Freundin war nicht die Person, jemanden einfach in die Arme zu nehmen und zu trösten, aber sie wusste stets Rat. Und dieser Rat hieß lapidar Arsen. Als kluge Freundin hätte Hannah sich das Gift gleich besorgen und es auch verabreichen sollen, denn nach diesem Gespräch musste sie ihren Mann weiterhin aushalten, alles andere wäre ihr zu verdächtig vorgekommen. Man wusste, so dachte sie bei sich, ja schließlich nie, wem man vertrauen konnte. Ähnlich erging es auch den beiden Nachbarinnen. Sie kamen nie dazu, den Ehemann und Bruder vor seiner Zeit unter die Erde oder noch etwas tiefer zu schicken, weil auch sie zu lange gezögert hatten, sich das Allheilmittel ihrer Zeit zu besorgen. Aber das ist eine andere Geschichte.

Man schrieb März und man schrieb bereits das Jahr 1851, als Sarah Chesham noch einmal vor den Richter treten musste, um sich wegen des Mordes an ihrem Gatten zu verantworten. Die 41-Jährige bekam einen Pflichtverteidiger zur Seite gestellt, natürlich wohnte auch Kommissar Clarke den Verhandlungen bei. Als äußerst belastend erwies sich der Bericht von Dr. Hawkes, der beweisen konnte, dass Sarah ihren Gatten Richard akribisch mit Milch gefüttert hatte, die mit Reis oder Mehl eingedickt war. Während seiner Krankheit hatte niemand anderes ihn versorgen dürfen, denn nur so kam der Unglückliche zu seiner täglichen und schließlich tödlichen Ration Arsen. Auch die ehemalige Freundin Hannah kam zu Wort und belastete die Angeklagte. Sarah hingegen dachte, sich mit ihren eigenen Worten bestens zu verteidigen. Der Inhalt ihrer Rede war jedoch so verworren und verwirrend, dass er in den Augen der Geschworenen ihre Schuld eher untermauerte als ihre Unschuld bewies, was ja letztlich das Ziel gewesen wäre. Eine Begründung für ihre Taten lieferte Sarah Chesham nicht, sie selbst betrachtete sich bis zum bitteren Ende als unschuldig. Nur der Richter zeigte Emotionen und es hieß, er habe sich förmlich dazu überwinden müssen, das Todesurteil zu verhängen. Die Geschworenen hingegen plädierten rasch und ohne Zögern auf schuldig. Bei seinem Urteilsspruch verkündete der Richter schließlich trotzdem, dass Sarah Chesham sich schuldig bekannt habe, ihre beiden Söhne vergiftet zu haben.

So wurde die Deliquentin zurück nach Chelmsford in das Springfield-Gefängnis gebracht, um dort ihr Ende abzuwarten. Das 1825 errichtete Gebäude kam dem Voyeurismus seiner Zeitgenossen bestens entgegen, denn es verfügte über ein Flachdach, das als Bühne für Hinrichtungen vorzüglich geeignet war. Am 25. März 1851, nicht ganz ein Jahr nachdem Richard in den Sarg gelegt worden war, sollte ihm Sarah folgen. Die Gerichtsbarkeit hatte in ihr das erkannt, was sie war: eine Serienmörderin mit einem ausgeprägten Hang zu Arsen. Ihr Ende war unausweichlich, auch weil es zur damaligen Zeit noch keine Möglichkeit gab, gegen ein Urteil zu berufen. Trotzdem bestritt Sarah Chesham ihre Taten weiterhin und sagte allen, die es hören oder aber nicht hören wollten oder schon gar nicht mehr hören konnten ein ums andere Mal, dass sie frei von jeglicher Schuld sei. Diese Überzeugung sollte sie mit ins Grab nehmen. Da Sarah gemeinsam mit einem Mann, der seine schwangere Freundin ermordet hatte, hingerichtet werden sollte, standen zwei Galgen auf dem Gefängnisdach, die vorsorglich bereits am Vortag gezimmert worden waren.

Bald hatte sich eine unübersehbare Menge an Schaulustigen versammelt. Gierig reckten sie die Hälse, als die beiden Verurteilten gegen neun Uhr die Szene betraten. Kurz vor Sarah Chesham wurde Samuel Drory auf das Dach geführt, um sein Himmelfahrtskommando anzutreten. Sarahs Auftritt befriedigte den Hunger der Schaulustigen weitaus mehr als jener des Frauenmörders, denn in der Todeszelle waren ihre Beine so dick angeschwollen, dass sie kaum mehr allein gehen konnte. Zwei Matronen mussten sie stützen. Der Henker stülpte den beiden Delinquenten routiniert einen Sack über den Kopf, legte ihnen die Schlinge darüber und ließ sie baumeln. Drory zappelte nur kurz, aber Sarah bot den Gaffern ganze drei Minuten Todeskampf zur schauerlichen Belehrung. Es waren vor allem Frauen, die sich ihren Tod nicht entgehen lassen wollten. Ob einige von ihnen Mitleid mit Sarah Chesham hatten, als sie deren fortwährendes Gezappel miterleben mussten, ist mehr als fraglich. Während die Köpfe gen Himmel gerichtet waren, waren jene nicht untätig, die sich ihr Brot verdienten, indem sie andere um ihr Hab und Gut erleichterten. Etliche Taschendiebe machten sich das Schauspiel geschickt zunutze und sicherten sich so ihre Beute.

Nach der vorgeschriebenen Frist von einer Stunde nahm man die beiden Toten vom Galgen ab. Üblicherweise wurden diese innerhalb der Grenzen der Gefängnismauern verscharrt. Sarahs Leichnam aber fand seine letzte Ruhestätte auf dem Friedhof zu Clavering. Sie galt nicht als Mörderin schlechthin, sondern als Person, die vorsätzlich Arsen verabreicht hatte. Dieser Spitzfindigkeit war es zu verdanken, dass weitere 150 Schaulustige bei ihrem Begräbnis dabeisein konnten, das um sieben Uhr abends stattfand. Im Begräbnisregister findet sich kein Eintrag darüber und niemand sprach die geheiligten Worte, die normalerweise die Toten ins himmlische Reich geleiten. Wohin immer Sarah Chesham auch gegangen sein mag, sie war jedenfalls die letzte Frau, die öffentlich in Chelmsford gehängt wurde. Und zugleich die Letzte, die in England und Wales wegen versuchten Mordes – so hieß es – starb. Durch den Druck der Presse wurde noch 1851 ein Erlass verabschiedet, der den Erwerb von Arsen erschwerte, und vor allem Frauen war der Zugang zu diesem Gift eine Zeit lang verwehrt.

Sarah Parker wurde 1809 in Clavering bei Saffron Walden in der Grafschaft Essex geboren. Mit 19 Jahren heiratete sie den Landarbeiter Richard Chesham, der ihre sechs gemeinsamen Kinder mehr schlecht als recht ernähren konnte. Im Jahr 1845 starben zwei der Söhne Sarah Cheshams, im Jahr darauf das Kind einer Bekannten, das sie nur besucht hatte. In ihrem ersten Prozess 1847 wurde die Angeklagte freigesprochen, als jedoch ihr Ehemann drei Jahre später verstarb, erregte das das Misstrauen der Polizei. Der Verstorbene wurde exhumiert und man fand Spuren von Arsen im Inhalt seines Magens. Bei einer Hausdurchsuchung wurde ein mit 16 Körnern Arsen verunreinigter Sack Reis gefunden. 1851 stand Sarah Chesham dann erneut vor dem Richter. Sie bekannte sich nicht schuldig, aber die Geschworenen sahen das anders. Sie wurde innerhalb kürzester Zeit schuldig gesprochen, zum Tode verurteilt und in das Springfield-Gefängnis in Chelmsford überstellt. Zwischen

6.000 und 7.000 Menschen nahmen an ihrer Hinrichtung teil. Nach der Exekution eines Mannes, der seine schwangere Freundin getötet hatte, wurde Sarah Chesham gehängt. Sie war aufgrund der vorsätzlichen Verabreichung von Gift verurteilt worden, dieser Spitzfindigkeit war zu verdanken, dass sie auf dem Friedhof von Clavering beigesetzt werden durfte. »Sally Arsenic«, wie sie auch genannt wurde, lebte zu einer Zeit, als Arsen noch für vielerlei verwendet wurde, u. a. für die Vernichtung von Ungeziefer oder das Kolorieren von Tapeten. Dass das Gift auch bei unliebsamen Ehemännern und Kindern funktionierte, ist hinlänglich bekannt.

JEANNE WEBER, DIE MENSCHENFRESSERIN AUS DER GOUTTE D'OR

Frankreich

Jetzt hatte sich das dumme Balg auch noch die Zunge zerbissen! Jeanne besah sich die blutige Bescherung, schüttelte missbilligend den Kopf und drückte etwas fester zu. Es wäre doch gelacht, wenn es ihr nicht gelänge, den Jungen zum Schweigen zu bringen! Genug Übung hatte sie ja. Marcel war offenbar eine Kämpfernatur und trotz seiner erst sieben Jahre erstaunlich zäh. Aber schließlich siegte doch die starke Hand der Frau und das Kind hauchte seine Seele aus. Genug Lärm hatte es gemacht, das halbe Haus musste Marcel bereits aufgeweckt haben – und tatsächlich, da kamen seine Eltern die Stiege heraufgepoltert! Jeanne erkannte die Stimmen des Ehepaares Poirot und dann riss schon jemand an der Klinke der Wohnungstür, die Jeanne vorsorglich abgesperrt hatte. Da sie auch auf das Rufen und Klopfen nicht reagierte, wurde die Tür schließlich mit roher Gewalt aufgebrochen.

Einen Fall wie diesen hatte es in der Rue de la Paroisse in Commercy noch nicht gegeben. Da musste schon der Kalkbrenner Émile Bouchery mit seiner Frau daherkommen und die Welt seiner Herbergsfamilie auf den Kopf stellen. Ihnen als Dankeschön für das vermietete Zimmer gleich am Abend der Ankunft eine Mörderin ins Haus bringen und sie dann auch noch mit dem Sohn der Vermieter alleinlassen! Doch den Kalkbrenner Émile traf wenig Schuld, außer dass er Jeanne, die er etwas weiter westlich im Arrondissement Bar-le-Duc aufgelesen hatte, als Weggefährtin angenommen und als seine Ehefrau ausgegeben hatte. Als er nur kurz seine zukünftige Arbeitsstelle, die Steinbrüche von Euville, in Augenschein nehmen wollte, spielte Jeanne mit dem Jungen so, wie es Frauen, die eine mütterliche Ader besitzen, seit Anbeginn der Zeit tun.

Wer hätte auch wissen können, dass diese Frau eine mehrfache Kindsmörderin war, die sich bei den Behörden durch ihr scheinheiliges Getue bereits zwei Mal hatte herausreden können? Die jedoch nicht Gott gedankt und sich fortan ruhig verhalten hatte, sondern ihrer Leidenschaft weiterhin nachging im Glauben, dass ihr niemand jemals auf die Schliche kommen würde. Doch auch Jeanne Webers Glückssträhne sollte enden, und dabei kam so manches ans Tageslicht, das sonst für alle Zeit der Vergessenheit anheimgefallen wäre. Als die Tür endlich offen war, war Marcel tot, aus seinem Mund tropfte Blut und Schaum stand auf seinen Lippen. Jeanne stand so teilnahmslos daneben wie ein Unschuldsengel, aber auch sie war voller Blut. Lautstark wurde nach dem Arzt gerufen. Dieser beugte sich über den Jungen, betastete behutsam den zarten Hals, betrachtete die Quetschungen an Kehle und Nacken. Es war eindeutig, dass Marcel erwürgt worden war und so trat die Polizei auf den Plan und nahm die angebliche Frau Bouchery in Gewahrsam.

Jeanne zeterte und beteuerte ihre Unschuld, mimte die Erschrockene. Sie wollte dem Jungen, der plötzlich in Krämpfe verfallen war und unter Atemnot gelitten hatte, doch nur hilfreich zur Seite stehen! Während sie sich noch verteidigte, durchwühlten die Polizisten ihr spärliches

Gepäck und innerhalb kürzester Zeit hielt einer von ihnen einen Brief hoch, den Jeanne nicht übers Herz gebracht hatte wegzuwerfen. Er war von ihrem ehemaligen Anwalt, dem wohlbekannten Advokaten Henri Robert, und an eine Jeanne Weber gerichtet. Na gut, in Gottes Namen, sie hieß nicht Bouchery, sondern Weber, gab sie zu, aber sie war unschuldig, ganz und gar, das mussten sie ihr wirklich glauben und das war ja von höchster Stelle auch festgestellt worden. Jeanne stampfte mit dem Fuß auf, um ihren Worten Nachdruck zu verleihen, aber auch das half nicht, ebensowenig ihr Gejammer. Von Émile, ihrem angeblichen Ehemann, war keine Hilfe zu erwarten. Sie war auf sich allein gestellt, wie so oft in ihrem Leben, und sie würde sich schon zu helfen wissen, dachte Jeanne, als sie abgeführt wurde.

Untersuchungsrichter Rollin, der sich der Sache annahm, hatte natürlich vom Prozess gegen Weber gehört und sofort beschlossen, sich nichts ins Handwerk pfuschen zu lassen. Von keinem Arzt, der es nicht so genau nahm, und ganz sicher nicht von einem Anwalt, der die Aussagen der Zeugen verdrehte, wie es ihm beliebte. Wortwörtlich meinte er, dass ihm »kein Thoinot mit weisen Argumenten die Tatsachen zertrümmern« werde. Wenn Jeanne Weber eine Mörderin war, dann sollte sie dafür auch büßen. Wozu war er Untersuchungsrichter geworden, wenn er der Gerechtigkeit nicht zu ihrem Recht verhalf? Zunächst einmal, überlegte er, galt es schnell und präzise zu handeln. Und das tat er. Der kleine Leichnam Marcels wurde unter dem Wehklagen seiner Mutter, die ihr Gatte, der selbst dem Zusammenbruch nahe war, zu stützen versuchte, ins Krankenhaus transportiert. Streng bewacht, damit ja keine Beweismittel auf wundersame Weise verloren gehen konnten. Derweil

griff Rollin höchstpersönlich zum Hörer, um zwei Koryphäen der Gerichtsmedizin zu sich zu bitten. Es waren die
beiden Professoren Parisot und Michel, die extra aus Nancy
angereist kamen, um Licht ins Dunkel zu bringen. Bereits
am nächsten Morgen lag Marcel oder das, was von ihm
noch auf Erden weilte, auf dem Seziertisch und die Obduktion begann. Immer wenn das Seziermesser gesetzt wurde,
wurde ein Foto gemacht, denn eine lückenlose Dokumentation gehörte für Rollin unbedingt zur Beweisaufnahme
dazu. Letztlich gab es keinerlei Zweifel mehr: Der Junge
war erwürgt worden und zu seinem Todeszeitpunkt hatte
sich keine andere Person in seiner Nähe aufgehalten als die
angeblich so unschuldige Jeanne Weber.

Der Prozess wurde der Angeklagten nicht mehr gemacht,
denn jeder aufmerksame Zeitungsleser weltweit hatte ja
gesehen, dass das zu nichts geführt hatte als zu einem Freispruch. Dieses Mal kam der Pariser Psychiater Lataue zu
Wort, der Jeanne Weber am 25. Oktober 1908 für unzurechnungsfähig erklärte. Ihre Tage sollte sie in der psychiatrischen Anstalt Mareville in Neukaledonien im südlichen
Pazifik beschließen. Dorthin hatten sowohl die Engländer
als auch später die Franzosen ihre Sträflinge geschickt.
Doch Jeanne Weber hatte nicht vor, im tropischen Paradies
zu versauern.

Natürlich hatte es einmal eine Zeit gegeben, als die
unheimliche Babysitterin tatsächlich unschuldig gewesen
war. Sie dachte nicht gern daran zurück, während sie in
Mareville in der Zelle saß. Als Tochter eines armen Fischers
aus Kérity in der Bretagne hatte sie wenig zu lachen gehabt:
Viel Natur und wenig zu essen, so konnte man ihre Kind-

heit auf den Punkt bringen. Bereits mit vierzehn Jahren, also im Jahr 1889, war sie in Paris, vier Jahre später verheiratet. Jean Weber war wohl kein schlechter Mann, aber er war dem Rotwein allzu sehr ergeben. Jeanne teilte dieses Laster bald mit ihm und dazu drei Kinder, wovon die beiden Mädchen allerdings früh starben. Nur Marcel, der 1898 das Licht der Welt erblickt hatte, blieb seinen Eltern erhalten. So lebte die Familie mehr schlecht als recht in der Passage de la Goutte d'Or in den Elendsvierteln zu Füßen des Montmartre, die durch Jeanne weltweit bekannt werden sollte. Und rundherum hausten die vier Brüder ihres Gatten.

Jeanne konnte die angeheiratete Verwandtschaft nicht leiden, am allerwenigsten aber mochte sie Kinder. Ihre beiden Mädchen hatten das gleich zu spüren bekommen und waren den Weg alles Irdischen gegangen. Danach dauerte es etwas, bis Jeanne wieder zum Zug kam, aber mit Geduld fängt man Fliegen und wenn man die brave Hausfrau mimt, wird man auch gerne gefragt, ob man nicht ein bisschen auf dieses oder jenes Kind schauen möchte. Die offiziell für verrückt erklärte Serienmörderin zuckte zusammen, als ein gellender Schrei durch das Haus hallte. Wohl wieder einer von diesen Irren, dachte sie. Mussten die immer so einen Lärm machen? Wo war sie nur stehen geblieben? Ach ja, bei den Kindern. Es wäre schön, wenn sie ihre Geschichte, die wahre und ungeschönte, jemandem erzählen könnte. Das wäre ein Genuss zu beobachten, wie die Augen des Gegenübers immer größer und größer würden! Doch hier waren ja alle völlig verrückt, da konnte man gleich gegen die Wand reden. Und die Pflegerinnen und Pfleger hörten sowieso nie zu, egal ob man bei klarem Verstand war oder nur wirres Zeug brabbelte. Jeanne kniff ihre Augen zusammen, und ihre Mundwinkel, die von Natur aus nach unten strebten, hingen noch ein wenig tiefer herab. Mit der Hand strich sie über ihr Haar, sie hatte früher stets eine adrette Frisur gehabt, aber was kümmerte sie das jetzt noch?

Man hatte ihr einfach alles genommen, als man sie übers Wasser hierher geschickt hatte. Es war übrigens gar nicht so lange her, dass hier noch Kannibalen gehaust hatten! Eigentlich eine nette Gesellschaft, grinste Jeanne, obwohl sie trotz des irreführenden Namens, den die Presse ihr verliehen hatte, auch nicht ein einziges Kinderbein abgenagt hatte. Danach stand ihr nie der Sinn, warum sie aber die Kleinen fein säuberlich ins Grab gebracht hatte, eins nach dem anderen, hatte sie der sensationslüsternen Meute nie verraten. Warum auch, sie hatte ihren Spaß gehabt, den Kopf zerbrechen durften sich andere. Wenn sie daran dachte, wie zart der Hals von Georgette gewesen war! Eineinhalb Jahre war die Kleinste ihres Schwagers Pierre gewesen und älter sollte sie nie werden. Schuld daran war die übertriebene Reinlichkeit ihrer Mutter, die unbedingt ins Waschhaus wollte und ihr ihre beiden Kinder in Obhut gab. Und gerade als Jeanne dabei war, ihr Meisterwerk dem Ende zuzuführen, kam diese zur Tür hereingestürmt, wie ein aufgeschrecktes Huhn, weil eine Nachbarin ein Röcheln gehört und sie geholt hatte. Jeanne konnte gerade noch so tun, als ob sie das Kind massiere und retten wolle. Georgettes Mutter nahm die Kleine, die bereits blau angelaufen war und Schaum vor dem Mund hatte, flink auf und klopfte ihr auf den Rücken und wie durch ein Wunder gelang die Rettung. Allerdings ist es so eine Sache mit Wundern, die wenigsten sind wahre Mirakel. Georgette musste schließlich doch sterben. Als ihre Mutter beruhigt zurück zur Wäscherei ging, vollendete die Babysitterin nämlich ihr Werk.

Und als ob die Frau ihres Schwagers nicht ganz richtig im Kopf gewesen wäre, gab sie ihr dann neun Tage später die ältere Tochter Suzanne in Obhut! Wie konnte man nur so blind sein? Selbst sie hatte klarer gesehen, zumindest nachdem sie sich den einen oder anderen Schluck Wein gegönnt hatte. Am späten Abend kamen die Eltern zurück. Von der Arbeit, so hieß es. Jeanne schüttelte noch im Nachhinein den Kopf, denn all ihr Fleiß hatte die beiden nicht reich gemacht und glücklich schon gar nicht. Aber sie, Jeanne, hatte ihnen sparen geholfen, denn die knapp Dreijährige würde nie mehr Nahrung oder Kleider benötigen. Der Armenarzt betrachtete das blaue Gesichtchen des Kindes, den Schaum vor dem Mund und stellte den Totenschein aus. Krämpfe schrieb er, offenbar ein Meister seiner Profession!

Als ob sie, Jeanne, nicht deutlich gemacht hatte, dass die Familien ihres Gatten selbst auf ihre Kinder aufpassen sollten, hatte sie bald darauf das jüngste Kind von Leon, die sieben Monate alte Germaine, am Hals. Diesmal war es die alte Großmutter, die nicht, wie es angejahrte Leutchen üblicherweise tun, am Vormittag schlummerte, sondern das Schreien des Säuglings hörte. Wie schnell die rennen konnte, wenn sie sonst auch so betulich tat! Dabei war Jeannes Werk bereits so weit gediehen! Das Gesichtchen der Kleinen war geschwollen, die Augen quollen hervor – wie bei einer kaputten Puppe. Der Hals war geziert mit wunderschönen roten Flecken. Am nächsten Tag bekam Jeanne Germaine abermals in die Hand gedrückt und so konnte sie den Säugling, der sich über Nacht erholt hatte, doch noch unter die Erde bringen. Mit Hindernissen, wie stets, weil die Weber-Kinder offenbar alle kleine Schreihälse waren. Diesmal waren es die Nachbarn, die herbeigelaufen kamen, Jeanne hatte die Hände zu diesem Zeitpunkt noch unter dem Babyhemd fest auf den Körper der Kleinen gepresst. Der herbeigerufene Arzt kam zu spät. Jeanne atmete laut aus, es war tatsächlich gar nicht so einfach, den Tod zu bringen, wenn man ständig dabei gestört wurde.

So wie hier, in dieser Anstalt, wo immer wieder Rufe, Schreie, Stöhnen, Gejammer und Weinen an ihre Ohren drang. Wie dem auch sei, Jeanne war nun in Übung und wohl auch in den Genuss gekommen, denn sie beförderte kurzerhand auch ihren eigenen Sohn Marcel ins Jenseits. Er und Germaine waren laut Arzt der Diphtherie zum Opfer gefallen. Beklagenswert, aber durchaus gewöhnlich, denn der Würgeengel der Kinder, wie die Krankheit gerne genannt wurde, war stets auf neue Opfer aus. Jeanne verzog ihren Mund, sodass ihre hängenden Mundwinkel ein kleines Stück aufwärts strebten, und schwelgte weiter in Erinnerungen. 1905 war wirklich ihr Jahr gewesen! Kurz nach Marcels Tod durfte sie nämlich auf den wenige Monate alten Sohn ihres Schwagers Charles schauen. Sie hatte Maurice fast so weit, als seine Mutter vom Einkaufen zurückkam. Der Blick, der auf Jeannes Hände fiel, die fest auf die Haut des Kleinen gepresst waren, sagte mehr als tausend Worte. Wie der Wind entriss ihr die junge Frau den Säugling und lief davon. Zum Hospital Brétonneau, wie sich später herausstellen sollte. Ein Doktor Saillant quetschte die Ehefrau ihres Schwagers Charles aus und sie berichtete von den vier Kindern, die sich Schnitter Tod im letzten Monat innerhalb ihrer Familie geholt hatte. Als der Mediziner die Symptome erfuhr und dass Jeanne stets in der Nähe gewesen war, wenn ein Kind starb, wurde er stutzig. Er untersuchte den Kleinen am nächsten Tag abermals, da hatte sein Gesicht zwar nicht mehr diese interessante Violettfärbung, dafür traten jedoch die Male an seinem Hals deutlich hervor. Saillant ließ sich seinen Verdacht von seinem Vorgesetzten Sevestre bestätigen und alarmierte daraufhin die Polizei.

Dies alles hatte Jeanne im Rahmen des Prozesses erfahren müssen, denn niemand hielt es der Mühe wert, mit ihr zu sprechen. Sie spürte die Blicke und hörte das Getuschel ihrer Verwandtschaft sehr wohl, hielt sich aber gerade wie eh und je, sodass sie ein klein wenig größer wirkte als sie tatsächlich war und tat, als würde sie von alldem nichts bemerken. Zuerst hatte man sie gar nicht oft genug um Rat und Hilfe bitten können, plötzlich wahrten alle einen seltsamen Abstand zu ihr, auch ihr Mann Jean hatte sich verändert, versuchte dies aber tunlichst zu verbergen. Sie war ja nicht blind, taub oder närrisch, sie bemerkte und sah alles! Und dann begannen die Mühlen des Gesetzes zu mahlen, zunächst noch langsam, aber stetig, bis sich die Ereignisse überschlugen. Zunächst fand so ein übereifriger Schnüffler heraus, dass schon drei Jahre zuvor zwei Kinder, die Jeanne gehütet hatte, das Zeitliche gesegnet hatten. Dann ließ der Untersuchungsrichter Leydet Maurice von einem Spezialisten seines Faches, Léon Henri Thoinot, untersuchen. Und zwei Tage später, am 9. April, wurden dann gleich alle Weber-Kinder aus ihren Särgen geholt. Jeanne schüttelte sich, das war gewiss kein allzu schöner Anblick gewesen. Aber warum hatten die Ärzte ihre Nase auch in Dinge stecken müssen, die sie nichts angingen?

Im Gerichtssaal hatte Jeanne dann auch erfahren, dass Thoinot ein Mitarbeiter des gefeierten Rechtsmediziners Paul Brouardel war. Sie hatte zuvor noch nie von ihm gehört, aber bekannt ist einem ja stets das, was im eigenen Umfeld passiert oder einen gerade betrifft. Als Thoinot den Hals des kleinen Maurice am 10. April endlich genauer untersuchte, waren ganze fünf Tage vergangen. Seine Mutter sagte aus, dass die Würgemale einen Tag davor verschwunden wären. In seinem Gutachten, für das er auch die Berichte der beiden Ärzte aus dem Hospital Brétonneau zu Rate zog, verneinte Thoinot jegliche Gewaltanwendung und vermutete einen Stimmritzenkrampf. Vier Tage später lagen die Leichname von Georgette, Suzanne, Germaine und Marcel vor Léon Henri Thoinot. Er entdeckte nichts Verdächtiges. Im Juli befasste sich Thoinot, abermals im Auftrag des Untersuchungsrichters Leydet, dann mit den Zeugenaussagen, die er allesamt als »unwissenschaftlich« bezeichnete. Wie die Mütter der toten Kinder die Würgemale, hervorgequollenen Augen oder verfärbten Gesichter anders als mit eben diesen Worten beschreiben hätten sollen, erläuterte er jedoch nicht. Jeanne konnte das durchaus recht sein.

Jeanne dachte nicht ohne Stolz an die große Menschenmenge, die sich am 29. Jänner 1909 vor dem Geschworenengericht versammelt hatte. Wie Hunde, die auf einen saftigen Knochen warteten, standen die Sensationslüsternen da. Aber ihre Hoffnung wurde enttäuscht, denn der Kindsmörderin stand einer der geschicktesten Strafverteidiger seiner Zeit zur Seite: Henri Robert. Sein Redetalent war legendär und nur wenige Jahre später sollte er zum Vorsitzenden der Pariser Anwaltskammer gewählt werden. Seine Strategie bestand darin, die Zeugen der Anklage so zu verwirren, dass sie bald selbst als Schwindler dastanden. Intellektuell weit über den meisten stehend, hatte er leichtes Spiel und wen er in die Mangel genommen hatte, der konnte froh sein, wenn er nachher noch wusste, wo vorne und hinten war. Dass die Zeugen allesamt unschuldig waren, rettete sie nicht vor der peinlichen Situation, jedenfalls verwirrten sie sich dermaßen in Widersprüche, dass der Staatsanwalt den Freispruch für Jeanne Weber beantragen musste. Schon am folgenden Tag war sie auf freiem Fuß und all jene, die ihr zunächst den Tod an den Hals gewünscht hatten, feierten ihre Unschuld. Jeanne dachte mit Freude daran zurück, sie war eine Heldin gewesen! Beinahe zumindest, denn leider war die Familie nicht so ganz davon überzeugt, dass Jeanne den Kindern kein Haar gekrümmt hatte. So sah sie schließlich keinen anderen Ausweg als zu gehen.

Angefeindet, angeschwiegen, mit Blicken angeklagt und verurteilt und schließlich aus der Wohnung getrieben, das war es, was ihre feine Verwandtschaft mit ihr gemacht hatte! Ewig lang war sie gewandert, bis nach Chambon im Départment Indre. Naturgemäß hatte sie ihren Namen gewechselt, als sie bei Sylvain Bavouzet, dem Besitzer eines Gutshofes, der auch schon bessere Tage gesehen hatte, unterkam. Drei Kinder hatte dieser Narr und um diese und den Haushalt sollte sie sich kümmern. Jeanne wollte sich nicht zu Tode schinden, auch sie hatte das Anrecht auf ein Zipfelchen Glück. Ihre Wahl fiel nicht auf die beiden Töchter Germaine und Louise, sondern auf das jüngste Kind, den neunjährigen Auguste. Die Einladung zu einer Hochzeit kam zu einem günstigen Zeitpunkt, denn der Junge schlug dort ordentlich über die Stränge und verdarb sich offensichtlich den Magen. Ein paar Tage lang dauerte sein Leiden schon, als der Vater seine Tochter Louise zum Arzt schickte. Dieser vermutete nichts Schlimmeres als eine Magenverstimmung und sandte seinem kleinen Patienten eine Medizin.

Doch Auguste erholte sich nicht, wie auch, Jeanne wirkte im Hintergrund und brachte ihn am nächsten Tag endgültig zur Strecke. Während der Vater mit dem Arzt zum Gutshof ging, wusch sie bereits den kleinen Leichnam und schloss den Kragen seines Hemdes so eng wie möglich um den Hals. Jeanne war stolz auf diesen Einfall, der die rötliche Verfärbung gut verdeckte. Der Arzt jedoch wollte den Jungen genau untersuchen und sie musste ihm das Hemd wieder abstreifen, obwohl sie versuchte, es dem übereifrigen Doktor auszureden. Offenbar hatte dieser Mann nicht genug zu tun und musste seine Nase in die Angelegenheiten anderer Leute stecken. Er musterte sie mit seinen scharfen Augen auf eine unangenehm wissende Art und sagte, dass er den Totenschein nicht ausstellen werde. Er rief sogar die Polizei auf den Plan! Jeanne wurde noch immer heiß und kalt, wenn sie nur daran dachte.

So kam es, dass Charles Audiat im Auftrag des zuständigen Untersuchungsrichters Belleau den Jungen obduzierte. Auch er sah die Male am Hals, schob diese aber auf den Hemdkragen, genau so wie Jeanne es beabsichtigt hatte. Sie musste sich gleich noch einmal selbst loben für ihren hervorragenden Einfall! Als er dann noch hörte, dass Auguste in letzter Zeit über Kopfschmerzen geklagt hatte, war alles klar: Eine Reizung der Hirnhaut hatte den Jungen hinweggerafft, die Haushälterin, sie nannte sich übrigens Jeanne

Moulinet, war ganz und gar unschuldig. Das wäre sie auch geblieben, wenn nicht Germaine, diese kleine Schnüfflerin, in Jeannes Gepäck gewühlt und die Zeitungsartikel zum Prozess in Paris gefunden hätte! Ein Artikel zeigte sogar ihr Bild und so fiel es der Tochter des Gutsbesitzers wie Schuppen von den Augen: Jeanne Moulinet und Jeanne Weber waren ein und dieselbe Person! Die Kindsmörderin ärgerte sich noch immer darüber, dass sie das freche Ding nicht zum Schweigen gebracht hatte. Dass sie gar nicht mitbekommen hatte, was da vor sich ging. Am meisten aber ärgerte sie sich über sich und ihre eigene dumme Eitelkeit. Was sonst hatte sie dazu veranlasst, die Zeitungsartikel mitzuführen und nicht zumindest jenen mit ihrem Bild zu vernichten?

Der bereits bestattete Junge wurde also aus seinem Grab gezerrt und der sattsam bekannte Audiat sowie der Pathologe Frédéric Bruneau kamen zu dem Schluss, dass Auguste erwürgt worden sei. Plötzlich sah auch Audiat, dieser Holzkopf, die Strangulationsfurche. Das lag, so nahm Jeanne an, an diesem anderen Doktor, der herausfand, dass der Kehlkopf beschädigt war und die Haut am Hals kleinere Verletzungen aufwies, die durchaus Fingernägel verursacht haben könnten. Bruneau sprach sich deutlich gegen die These eines natürlichen Todes aus und tippte auf ein Taschentuch als Mordwaffe.

Als Jeanne dann abermals verhaftet wurde, berichteten die Zeitungen rund um den Globus von ihrem Fall. So berühmt wie sie war wohl kaum jemand zu ihrer Zeit. Sie konnte es direkt mit der kleinen Dämonin Gabrielle Bompard aufnehmen, die gemeinsam mit ihrem Komplizen Michel Eyraud die Welt eine Zeit lang in Atem gehalten

hatte. Auch in diesem als »Fall Gouffé« bekannt geworde-
nen Mordsspektakel hatte Henri Robert die Finger im Spiel
gehabt. Eben jener Mann, der die Zeugen gegen sie, Jeanne,
so wunderbar als Wirrköpfe und Lügner hingestellt hatte.
Nun trat er wieder auf und forderte, dass Thoinot, den er
als Koryphäe der Gerichtsmedizin bezeichnete, herangezogen werden müsse. Dieser Schwachkopf Thoinot, der schon
in Paris nichts endeckt hatte!

Der Genannte wusste zu diesem Zeitpunkt sehr genau,
dass sein Ruf auf dem Spiel stand, und so verfolgte er jene
Strategie, die ihm am besten dienen sollte: Er las so lange die
bereits erstellten Gutachten und Berichte, dass der danach
exhumierte kleine Körper schon zu stark verwest war, um
überhaupt etwas erkennen zu können. Er bemängelte die
anderen beiden Doktoren, diese angeblichen Spezialisten,
denn sie hatten die Flecken im Darm des Kindes, die eindeutig auf Typhus hinwiesen, übersehen. Jeanne bewunder-
te Thoinot aufrichtig dafür, sie selbst hätte es nicht besser
machen können. Vielleicht war sie ihm mit ihrer adretten
Figur und Frisur, den mandelförmigen Augen und dem
Stupsnäschen ja ins Auge gestochen? Diesen Laffen aus der
Provinz hatte er es ordentlich heimgezahlt, als er die Ein-
schnitte von Audiat und Bruneau als völlig dilettantisch
bezeichnete. Jeanne lachte hämisch und so laut, dass es ihr
selbst gellend in den Ohren klang.

Als Jeanne wieder etwas zur Ruhe gekommen war,
erfreute sie sich an dem Gedanken, dass die – angeblich
so gelehrten Männer – sich wegen ihrer Person in den
Haaren gelegen hatten. Ihr Ruhm und ihre Ehre waren
ihnen wichtiger als das Leben eines Kindes, und so war

Jeanne abermals von jeder Schuld freigesprochen worden. Thoinot und Robert hatten sich darauf eingeschworen, dass sie nur Marcel getötet habe. In einem »selbsthypnotischen Rausch«, was immer das auch sein mochte. Dieser sei durch all das Schlimme, das sie als falsch Verdächtigte hatte durchmachen müssen, aufgetreten. Und da habe sie dann das getan, was ihr so lange zu Unrecht vorgeworfen worden war. Fein hatten sie sich das ausgedacht, die gelehrten Herren! Sie sollten Bücher schreiben oder den Kindern Märchen erzählen. Doch gewirkt hatte es allemal, das musste Jeanne zugeben. Der Präsident der Gesellschaft zum Schutz der Kinder, Georges Bonjean, hatte ihr sogar eine Stelle in seinem Kinderheim angeboten! In Orgeville lag es und Jeanne war schier begeistert von der Fülle an jungem Leben, das sich ihr bot und das sie würde auslöschen können. Doch dazu kam es nicht, was sie bedauerte, denn schon beim ersten Kind, das sie zu erwürgen suchte, setzte man sie vor die Tür. Dabei hatte sie sich doch so zusammengenommen und ein paar Tage abgewartet, obwohl all die jungen, ungewaschenen Hälse ihre Finger kribbeln ließen, dass es schon beinahe schmerzhaft war.

Froh, abermals ungestraft davonzukommen, zog die Mörderin ihres Weges. Und dann war sie wegen Landstreicherei verhaftet worden! Sie dachte, mit ihrer Behauptung, sie sei Jeanne Weber, die Kindsmörderin, könnte sie die Behörde beeindrucken. Aber als sie dann auf dem Revier saß, zog sie diese schnell wieder zurück, man konnte ja nie wissen. Die Polizisten wussten nicht so recht, was sie mit ihr anfangen sollten, und zogen daher einen Nervenarzt zu Rate. Er bestätigte, dass Jeanne bei klarem Verstand sei, und so ließ man sie ziehen. Sie ging nach Bar-le-Duc und da traf sie dann Émile, den Kalkbrenner, der sie als seine Ehefrau ausgab. Und so schloss sich der Kreis.

Neukaledonien war so gar nicht nach dem Geschmack Jeannes. Sie vermisste Paris, ihre gewohnte Umgebung, die Kinder. Unzählige Male ließ sich Jeanne ihre Vergangenheit durch ihren Kopf gehen. Beinahe zwei Jahre lang. Dann hatte sie irgendwann genug davon. Vielleicht hatte sie sich aber auch einfach zu sehr in ihre Geschichte verbissen, sie zu sehr selbst gelebt, denn als man sie tot in der Zelle fand, hatte sie Schaum vor dem Mund und ihre Hände waren in ihren Hals verkrallt, so als wäre sie selbst eines der Kinder, das sie vom Leben zum Tod gebracht hatte.

Jeanne Moulinet wurde 1874, nach anderen Quellen 1875, in Kérity, Frankreich, geboren. Die Fischertochter aus der Bretagne kam mit vierzehn Jahren nach Paris. 1893 heiratete sie Jean Weber, mit dem sie drei Kinder hatte. Wie ihr Mann war Jeanne bald dem Alkohol verfallen. Beide lebten, wie die Brüder ihres Mannes, in der Passage de la Goutte d'Or, weshalb Weber später auch als »Menschenfresserin aus der Goutte d'Or« bekannt wurde. Wiederholt wurde Jeanne von ihren Verwandten gebeten, auf deren Kinder aufzupassen: Zunächst fiel ihr die achtzehn Monate alte Georgette zum Opfer, wenige Tage später die dreijährige Suzanne, danach die sieben Monate alte Germaine und der siebenjährige Marcel, Jeannes eigener Sohn. Die Frau von Charles Weber wurde erst misstrauisch, nachdem sie ihren Sohn Maurice blau angelaufen und mit Schaum vor dem Mund antraf. Eine eingeleitete Untersuchung samt

Gerichtsprozess verlief im Sand. Weber, die von Staranwalt Henri Robert verteidigt wurde, wurde freigesprochen, auch weil der Gerichtsmediziner Léon Henri Thoinot den kleinen Maurice viel zu spät untersuchte. Doch die Menschen in ihrer Umgebung trauten Jeanne Weber nicht mehr und so lebte sie als Landstreicherin, bis sie im Haus des Witwers Sylvain Bavouzet als Jeanne Moulinet Aufnahme fand. Seine Hilfsbereitschaft vergalt ihm Weber, indem sie seinen Sohn Auguste erwürgte. Germaine, die älteste Tochter des Hauses, fand schließlich etliche Zeitungsartikel über Jeanne Weber im Gepäck der neuen Haushälterin, einer davon zeigte ihr Bild. Im Mai 1904 wurde Weber verhaftet. Da mit ihrem Fall der Ruf des berühmten Gerichtsmediziners Thoinot auf dem Spiel stand, ließ dieser die Zeit für sich arbeiten. Aufgrund mangelnder Beweise wurde Jeanne Weber wiederum freigelassen. Als angebliche Frau eines Kalkbrenners gelang es ihr, den kleinen Sohn ihrer Wirtsleute in Commercy zu erwürgen, aber das war ihre letzte Tat. Durch Thoinots Intervention kam Jeanne Weber nicht mehr vor Gericht, sondern wurde 1908 für unzurechnungsfähig erklärt und auf die Pazifikinsel Maré in Neukaledonien verbannt. Ihr Fall machte die Öffentlichkeit darauf aufmerksam, dass die Gerichtsmedizin zu Beginn des 20. Jahrhunderts alles andere als unfehlbar war. Dasselbe galt für ihre Vertreter.

DIE FRÖHLICHEN WITWEN VON NAGYRÉV

Ungarn

Man schrieb das Jahr 2004 und Maria Gunya war inzwischen ein altes Mädchen. Aber damals, als die Frauen von Tiszakürt, Nagyrév und Szolnok begonnen hatten, sich so kompromisslos mit gezielten Dosen Arsen von ihren Ehemännern, Eltern, Geschwistern, Kindern und wer ihnen sonst noch lästig war zu verabschieden, war sie noch gar nicht geboren. Als die ganze Sache dann aufgeflogen war – achtzehn Jahre lang hatte das unbekümmerte Morden immerhin gedauert –, war Maria gerade einmal acht Jahre alt. Aber ihr Vater, einer der Ermittler, die am Ort des Grauens gewesen waren, hatte immer wieder davon erzählt. Jahrelang noch war er schreiend aus dem Schlaf aufgeschreckt, wenn er den Kirchhof von Nagyrév mit seinen geöffneten Gräbern vor sich sah, der viel mehr an ein Schlachtfeld erinnerte als an den geheiligten Acker, in dem die Verstorbenen ruhen sollten, bis die Posaunen des Jüngsten Gerichts erschallen.

Eigentlich sprach Maria nicht gerne über diese Zeit, aber Jim Fish, ein Reporter von der BBC, war sehr höflich und zudem sehr hartnäckig gewesen. Er hatte schon recht, bald gab es niemanden mehr, der sich persönlich an die Giftmischerinnen erinnerte, und daher war es wichtig, dass ihre Stimme der Nachwelt erhalten blieb. Manchmal fragte sich Maria, ob sie nicht Zeugin einer Gruselgeschichte geworden war, die man einst erzählte, um den Erwachsenen einen wohligen Schauer über den Rücken zu jagen und die Kinder zu lehren, dass sie sich zu benehmen hätten. Im Laufe der Jahre hatte sie von vielen Frauen gehört und gelesen, die gemordet hatten. Von grausamen, Menschen hassenden Harpyien war da die Rede, damals wie heute, aber von ihrer Mutter, die schon lange tot war, wusste Maria, dass der weibliche Teil der Bevölkerung in Nagyrév aus anderem Holz geschnitzt war. Sie setzte sich in ihrem Sessel zurecht und drehte am Sendersuchlauf. Es knackte und rauschte, einmal plärrte laut Musik, irgend etwas Modernes, das weder Text noch Rhythmus hatte, aber schließlich landete sie doch bei der BBC. Es wäre zu schade, wenn sie ihr eigenes Interview versäumen würde!

Klein war das Dorf Nagyrév gewesen und ebenso klein seine Häuser. Nur an die sechzig Kilometer war es von der Hauptstadt entfernt und doch lagen Welten dazwischen. Viel gab es nicht zu sehen in Nagyrév, außer Armut und mürrische Männer, die versuchten, die Ohnmacht, etwas an ihrer Lage zu verändern, in Unmengen von Alkohol zu ertränken. Wer nichts zu verlieren hatte, der ging gern aufs Ganze und die Messer steckten lose in den Gürteln der jähzornigen Mannsbilder. Aber so schlecht es auch um die Männer bestellt sein mochte, die Frauen traf es weitaus härter. Junge Mädchen, manchmal gerade einmal vierzehn Jahre alt, wurden bereits verheiratet. Verhökert wäre wohl der richtige Ausdruck dafür, denn niemand scherte sich um das, was sie sich vom Leben erträumten. Es war einfach ein Geschäft, wie jedes andere auch, nur dass das Vieh in diesem Fall ein Mädchen war. Nur allzu oft wurde die junge Frau dann genauso wie Vieh behandelt, von einem Ehemann, der noch dazu meist viel älter war als sie. Zuckerschlecken war das beileibe keines gewesen.

Wenn sich eine gewehrt hatte, das wusste Maria ebenfalls von ihrer Mutter, dann wurde sie grün und blau geschlagen, bis sie ihren Widerstand aufgab. Und dann kam der Krieg. Die Männer mussten einrücken und wie stets lag alle Last auf den schmalen Schultern der Frauen. Da Nagyrév so herrlich abgelegen war, wurde am Rande des kleinen Dorfes ein Lager für alliierte Kriegsgefangene errichtet. Daran konnte sich Maria zwar nicht mehr erinnern, umso lebendiger aber hatte ihre Mutter davon berichtet. Diese war ein paar Mal dort gewesen, um den Nervenkitzel zu genießen, die Männer hinter dem Stacheldraht anzuschauen, die mit großen, sehnsüchtigen Augen zurückstarrten. Doch dabei sollte es nicht bleiben, denn neben der Arbeitskraft wurde auch die Manneskraft der Russen, denn daraus bestand das Gros der Gefangenen, durchaus geschätzt. Ob ihre Mutter da auch zugegriffen hatte, hatte sich Maria oft gefragt, aber dazu war sie wohl stets zu treu gewesen. Und auch ein wenig zu ungeschickt in ihrer Offenheit, sie hätte sich sicherlich im Laufe der Jahre verraten. Die Mutter hatte nur immer wieder von der Romanze einer Freundin erzählt, die einen Gefangenen so lange angehimmelt hatte, bis dieser ungeduldig wurde und sein Mütchen an einem anderen Mädchen kühlte.

Unter all den Frauen, die ihre Männer so wunderbar zu ersetzen wussten, waren auch zwei Dorfschönheiten. Maria lächelte verhalten. Heutzutage war schön zu sein kein Kunststück mehr, zumindest wenn man es sich leisten konnte. Da gab es Leibesübungen und Fastenkuren, Cremes und anderes mehr. Damals aber war man schön oder man war es eben nicht. Vor allem auf dem Land, denn sobald man zu Tiegeln und Kräutern griff, war man als

Hexe gebrandmarkt, und da die Menschen der Theiß-Region besonders abergläubisch waren, musste manche kluge Frau erleben, dass andere hinter ihrem Rücken die Finger kreuzten, um ihren angeblich bösen Blick abzuwehren. Eine dieser weisen Frauen, aber eine, die wohl geachtet war, kam im Jahr 1911 nach Nagyrév. Angeblich hatte sie etliche Beglaubigungsschreiben bei der Hand, die bestätigten, dass sie als Hebamme und Krankenschwester geschickt und unerlässlich war. Geprüft hatte das niemand, wer hätte es auch tun sollen? Ärzte waren rar und in ihre Region verirrte sich kaum jemals einer. Ja, man war an oberer Stelle ganz sicher froh, dass Zsuzsanna Fazekas in dem kleinen Nest leben und wirken wollte.

Maria setzte sich bequem zurecht. Sie hatte das Radio viel zu früh angemacht und drehte es etwas leiser. Die alte Frau zupfte die Decke, die sie über ihre Beine ausgebreitet hatte, zurecht, denn ihr schauderte bei dem Gedanken, wie junge Frauen anno dazumal versucht hatten, ihre unerwünschte Leibesfrucht loszuwerden. Wie viele von ihnen waren dabei vor die Hunde gegangen! Die Hebamme von Nagyrév jedoch war geschickt und man vertraute ihr bald alles an und so kam es, dass sie zehn oder auch mehr werdenden Müttern Schimpf und Schande oder aber ein weiteres Kind ersparte. Man durfte nicht vergessen, dass *ein* Nachfolger das Erbe zusammenhielt, jeder weitere es aber schmälerte. Und wenn ohnehin nicht viel zu holen war, bedeutete mehr Nachwuchs in der nächsten Generation unausweichlich unstillbaren Hunger und drückende Armut. Reich waren die meisten in Nagyrév ohnehin nie gewesen, von einigen wenigen Ausnahmen abgesehen.

An die Hebamme konnte sie sich noch gut erinnern: Die Fotos, die die Zeitungen brachten, trafen sie genau: Zsuzsanna Fazekas war eine korpulente ältliche Frau mit stechendem Blick und schmalen, nach unten strebenden Lippen. Ihr Ehemann Gyula war schon lange fort und so war sie eine der Ersten gewesen, die ihre Freiheit genossen, ja geradezu zelebriert hatte. Wo der Gatte hingekommen war, das erfuhr man nie, er hatte sich geradezu in Luft aufgelöst. Genau genommen war es aber auch nicht wichtig, denn was man im Ort brauchte, war eine gute Heilerin. Wenn sie selbstbewusst auftrat und zeigte, dass sie auch ohne Mann durchaus ernstzunehmen war, umso besser! Sie half den Frauen und das brachte ihr manche Ungelegenheit, gar mehrmals saß sie wegen ihrer illegalen Abtreibungen hinter Gittern. Aber sie kam immer wieder frei, denn die Obrigkeit wusste nur zu genau, dass kaum eine Familie auf dem Land mehr als ein Kind durchfüttern konnte.

Nicht einmal die Historiker, überlegte Maria, waren dem Geheimnis des verschwundenen Mannes der Hebamme jemals auf die Spur gekommen. Man durfte also ohne weiteres annehmen, dass Zsuzsanna schon ein bisschen experimentiert hatte, bis sie in großem Stil dazu überging, Frauen dabei zu unterstützen, ihre Männer zu beseitigen. Dann schüttelte sie ihren Kopf und rügte sich insgeheim dafür, dass ihre Gedanken schon wieder so ungeordnet strömten. Aber eigentlich war es egal, denn niemand hörte ihr zu, und außerdem war es ein befreiendes Gefühl, einfach in sich hineinzuhorchen, nichts zu zensieren und sozusagen zu denken, wie einem der Schnabel gewachsen war.

Maria konnte sich kaum vorstellen, wie es zur Zeit des Ersten Weltkrieges in dem kleinen ungarischen Ort zugegangen war. Viele junge Männer und ebenso junge Frauen, die ihren Begierden freien Lauf lassen konnten ... Marias Vater hatte einmal davon erzählt, dass einige Frauen sich gleich mehrere Liebhaber zugelegt hatten, als sie dann aber das Zimmer betrat, hatte er sofort geschwiegen. Ihre Kinderohren sollten solchen Unrat nicht hören, sagte ihr die Mutter viel später, aber Maria hatte richtig gehört, genauso war es gewesen. Und irgendwann war der Krieg dann doch aus. So sehr Unzählige sein Ende herbeigesehnt hatten, die Frauen in Nagyrév gehörten nicht dazu. Natürlich hatten manche das Glück, so sahen sie es jedenfalls, dass ihr Gatte im Feld geblieben war. Andere hingegen mussten mit Kriegsbeschädigten leben, ein Mann war sogar erblindet. Von Traumatisierten ganz zu schweigen, die durch den Ort wandelten wie Untote oder mit leeren Gesichtern auf der Veranda ihres Hauses saßen. Man wusste damals noch nicht, dass der Krieg auch die Nerven zerrüttet, und so hielt man die Heimgekehrten für verblödet oder wahnsinnig, auf alle Fälle aber wollte man sie loswerden, je früher desto besser.

Wer einmal die Freiheit geschmeckt hat, der lässt sie nicht mehr gerne los, und die Frauen des Dorfes hatten bewiesen, dass sie auf ihren eigenen Beinen stehen und alles bewältigen konnten, was das Leben so mit sich brachte. Bei der Beseitigung ihrer Männer griff ihnen Zsuzsanna tatkräftig unter die Arme. »Wenn es ein Problem mit ihm gibt«, so pflegte sie zu sagen, »habe ich eine einfache Lösung«. Und diese Lösung hieß Arsen. Natürlich hatte es keine der Frauen in einer Apotheke gekauft, in Nagyrév stellte man alles selbst her und so war es auch mit dem Gift. Es waren die Fliegenfänger, an denen die unliebsamen Gatten hängen blieben: Die Hebamme legte die klebrigen Spiralen zunächst in Wasser ein und destillierte daraus das Arsen, das in Flaschen abgefüllt und danach heimlich, in Körbe und Jackentaschen gesteckt, seinen Weg in manches Haus fand. Allerdings war Fazekas überzeugt davon, dass das Gift keinerlei Spuren hinterlassen würde, zumindest wenn das Fleisch schon verwest war. Von Flecken unter den Fingernägeln und dergleichen mehr hatte sie nie etwas gehört.

Bevor die Sache dann doch ans Licht kam, wurde fröhlich gemordet. Witwen gab es zuhauf und alle waren lustig, immerhin waren sie jetzt ihre eigenen Herrinnen. Maria Kardos war so ein ganz besonderer Vogel gewesen, über sie hatte man viel getuschelt und manche hatten nicht nur hinter vorgehaltener Hand von ihrem schändlichen Treiben erzählt. Geredet war über die Kardos eigentlich schon immer worden, dazu hatten ihre Schönheit und ihr Reichtum Anlass genug gegeben. Und ihre Begeisterung zu heiraten war natürlich auch nicht unbeachtet geblieben. Sie verschliss zwei Ehemänner, mit dem ersten hatte sie einen Sohn. Der aber war kränklich und als die Witwe wieder frei gewesen wäre, hing er wie ein Klotz an ihrem Bein. Noch dazu ließ er sie mit seinen 23 Jahren ganz schön alt aussehen. Wenn die Leute eins und eins zusammenzählten, kam schnell heraus, wie alt sie in Wirklichkeit war. Keine angenehme Sache, immerhin wollte sie jung bleiben und knackig und sich ihre Männer auswählen können.

Da half nur Gift, entschied sie für sich und lud Gevatter Tod abermals ins Haus.

Die alte Frau musste kurz eingenickt sein, denn als sie wieder erwachte, stand vor ihren Augen das Bild einer schönen jungen Frau. So hatte sie Maria Kardos natürlich nicht kennen gelernt, aber als man sie im Jahr 1929 vor den Richter führte – da war sie immerhin schon 53 gewesen –, konnte man die Spuren ihrer einstmaligen Schönheit noch in ihrem Gesicht erkennen. Die Zeitungen wurden nicht müde, ihr Bild zu verbreiten, sodass auch Maria es sah. Reich war die Angeklagte inzwischen, aber schöne junge Mädchen und Frauen wurden ja meist alten reichen Männern zur Braut gegeben. Und wenn man diesen überlebte, war die Saat zu Wohlstand meist gelegt. Die Kardos, in erster Ehe trug sie den Nachnamen Kovacs, trug schwarze Kleidung, dazu Seidenstrümpfe und hübsche, glänzende Lackschuhe. Sie war eine der Hauptangeklagten gewesen und eine von zweien, die letztlich hingerichtet wurden.

Es stellte sich im Verlauf des Prozesses nämlich heraus, dass auch ihr Ehemann keines natürlichen Todes gestorben war. Hundert Pfund gab die Wiederholungstäterin der Hebamme und dem Sohn das Arsen. Marias Vater hatte der Mutter erzählt, dass viele der Frauen so agierten, dass sie selbst Magenmedizin aus der Stadt holten und deren Inhalt gegen das Allheilmittel Arsen austauschten. Nur wenige konnten einen Arzt holen lassen, aber auch in diesem Fall brauchte man nur den heilsamen Trank gegen einen mit endgültiger Wirkung zu ersetzen. So wurde der Kranke gleichsam mit dem Gift zu Tode geheilt. Wie es die Witwe genau gemacht hatte, daran konnte sich Maria nicht mehr erinnern, aber die Umstände des Todes ihres einzigen Kindes waren herzerweichend. Die Mutter, zugleich die Mörderin, bat ihren Sohn, ihr Lieblingslied zu singen, er hatte nämlich eine wunderschöne, im Kirchenchor geschulte Stimme. Während seines Vortrages griff er sich an den Magen, seine Stimme brach und er verschied unter Zuckungen. Der Junge hatte sich sein eigenes Totenlied gesungen, noch im Sterben hatte es ihm seine grausame Mutter abgepresst. Maria schauderte ob der Herzlosigkeit ihrer Namensgenossin und schlug die Decke zurück, denn ihr war plötzlich unangenehm heiß.

Die nun kinderlose Witwe angelte sich einen weiteren reichen Ehemann, Michael Kardos. Es war sein Name, den sie vor Gericht trug, und es war sein Land, das sie ihrem Besitz einverleibte. Über zwanzig Joch Ackerland hatte sie zuletzt, fast 25 sagte man, da ließ sich schon gut leben davon. Doch leider war der zweite Gemahl der Angeklagten etwas knauserig und wollte nicht verstehen, dass eine Frau ihre Bedürfnisse hat. Als Maria Kardos der ewigen Streitereien überdrüssig war, ging sie zur Hebamme, um abermals Gift zu kaufen. Da diese mit Michael, der früher ihr Liebhaber gewesen war, angeblich noch ein Hühnchen zu rupfen hatte, bekam die Bittstellerin den Tod frei Haus geliefert. Die Kardos behauptete beim Prozess allerdings, dass sie sich selbst geweigert habe zu zahlen, aber das machte letztlich keinen Unterschied. Wo auch immer die Wahrheit begraben sein mochte, der kleinliche Ehemann ruhte jedenfalls innerhalb kürzester Zeit unter der Erde. Trotzdem oder eben weil es so leicht gewesen war, die Mannsbilder wieder loszuwerden, holte sich die zweifache Witwe daraufhin den 23-jährigen Stephan aus Siebenbürgen ins Haus. Er gefiel ihr so ausnehmend gut, dass sie ihn adoptierte. Doch irgendwann war der jugendliche Charme abgenutzt und so verheiratete sie ihn mit einem hübschen Mädchen.

Immerhin durfte er weiterleben. Trauzeuge war laut Marias Vater ein Ratsherr namens Erödi-Harrach gewesen, welcher der dreifachen Mörderin damit, ohne es zu wissen, einen Gefallen tat. Stephan war es schließlich auch, der die Kardos beerben sollte, als sie den Weg zum Galgen beschritt.

Mühsam richtete Maria sich auf. Vielleicht war es ja doch besser, früher zu sterben und so spektakulär, dass die Leute sich noch lange daran erinnerten? Sie selbst war zwar nie im Mittelpunkt gestanden, sie hatte ein gutes Leben gehabt, aber besonders aufregend war es nicht gewesen. Und jetzt tat ihr einfach nur mehr alles weh, was sie wehmütig an ihre Mutter denken ließ, die den Spruch »Alt werden darfst du nicht!« im Munde führte, wenn sie das Zipperlein plagte. Bemerkenswerterweise hatte sie diese Worte bereits seit ihrem 35. Lebensjahr gesprochen, weshalb Maria lange angenommen hatte, dass man da schon uralt wäre. Darüber konnte sie jetzt nur lachen! Mühsam erhob sie sich, schlurfte in die Küche und hielt ein Glas unter den Wasserhahn. Als sie ihn aufdrehte, tropfte und spuckte er zunächst ein wenig, dann kam ein ordentlicher Strahl, der ihren Durst stillte. Die alte Frau ging zurück in Richtung Wohnzimmer und ließ sich auf ihren Stuhl fallen. Noch immer musste sie auf die Reportage von Jim Fish warten, aber das machte ihr nichts aus.

Maria Kardos hatte sich mit ihrer Aussage selbst den Strick gedreht, aber es wäre wohl ohnehin alles ans Tageslicht gekommen. Eine andere Frau namens Juliana Földvári hatte anfangs alles geleugnet und wäre damit fast durchgekommen. In ihrer Familie waren die Mutter, ihr Ehemann und Ladislaus Toth, mit dem sie zusammengelebt hatte, unter Qualen gestorben. Letzterem hatte übrigens eine mit Arsen verfeinerte Suppe den Garaus gemacht. In allen drei Leichen war nach der Exhumierung ausreichend Arsen gefunden worden. Doch die Földvári war klug, sie bestritt vehement, dass die Kekse, die sie ihrer Mutter so liebevoll gebacken und kredenzt hatte, randvoll mit Arsen gewesen waren. Im Gegenteil, sie hatte der geliebten Verstorbenen einen besonders schönen Grabstein errichten lassen mit der Aufschrift »Hier ruht die, die ich am meisten liebte«. Das allein würde doch schon von ihrer Unschuld zeugen! Auch für den Tod der beiden Männer wäre sie keineswegs verantwortlich.

Fast hätten die Anwälte, die Geschworenen und der Richter ihr geglaubt. Marias Vater hatte sich daheim unglaublich darüber geärgert, was das Weibsbild zusammenlog, obwohl sie den Eid geschworen hatte. Er wusste auch zu berichten, dass die Gerichtssitzungen in der nahe gelegenen Kreisstadt Szolnok stattfanden. Dorthin waren alle 34 Verdächtigen überstellt worden, zu ihrem eigenen Schutz, denn manch Verwandter eines ermordeten Bruders oder Sohnes hatte mit erhobener Faust gedroht, der Giftmischerin die Kehle durchzuschneiden. Juliana Földvári sollte letztlich aber trotzdem nicht davonkommen, denn eine Nachbarin hatte gehört, wie die Mutter der Angeklagten kurz vor ihrem Tod ausgerufen hatte: »Der Teufel soll mit den Keksen, die meine Tochter mir gemacht hat, davonfliegen. Sie haben mich krank gemacht!« Leider machten sie die alte Frau auch tot, aber ihre letzten Worte ließen ihre Mörderin nicht ungeschoren davonkommen. Der Gerechtigkeit wurde doch noch Genüge getan, wenn auch auf Umwegen, und das gefiel Marias Vater. Daheim berichtete er davon, wie die

Földvári blass geworden war und schließlich unter der Last der Anschuldigungen zusammenbrach.

Die kleine Maria hätte natürlich nicht so viel mitbekommen sollen, denn außer Gewalt und Tod war auch jede Menge Sex im Spiel gewesen, wobei dieses Wort damals noch nicht gängig war. Geschlechtsverkehr gab es und dergleichen mehr, jedenfalls sperrten alle Kinder, nicht nur Maria, ihre Ohren ganz weit auf, wenn die Erwachsenen miteinander zu wispern begannen. Da war zum Beispiel Maria Varga gewesen, mit 41 Jahren die jüngste jener Frauen, die Maria in Erinnerung geblieben waren, und sei es nur durch die oftmaligen Erzählungen ihrer Eltern. In einem Samtmantel war sie vor den Richter getreten, vielleicht damit der sie mit Samthandschuhen anfasste. Zunächst lief es gut für sie, denn ihre Mutter wusste glaubhaft zu versichern, dass der aus dem Krieg zurückgekehrte erblindete Ehemann den Tod herbeisehnte. Und ihren Liebhaber Michael Ambrus und dessen Großvater habe sie unwissentlich mit einem angeblichen Beruhigungsmittel vergiftet. Marias Vater hatte sich gefragt, ob sie selbst nicht auch ein Beruhigungsmittel nötig gehabt hätte nach dem Tod ihres blinden Gatten, aber so etwas sagte niemand vor Gericht, und auf jeden Fall war klar, dass sie der Flasche ferngeblieben war wie der Teufel dem Weihwasser. Andernfalls hätte sie sicher nicht mehr vor dem Richter erscheinen können.

Aber dann betrat die schöne Frau Kardos den Zeugenstand und beschuldigte die Angeklagte, sie selbst war ja bereits abgeurteilt, der Lüge und des Meineides. Der Gerichtssaal erbebte und der Richter mahnte die Anwesenden zur Ruhe. Maria Kardos musterte die zusammengekauerte Gestalt und betonte, dass jede Frau im Dorf gewusst habe, dass mit der Hebamme Zsuzsanna der Tod das Haus betrat. Sie schüttelte ihre Faust in Richtung der Meineidigen und rief: »Ich habe gehört, dass du der Hebamme 500 Kilo Weizen versprochen hast, wenn sie deinen Mann tötet.« Geld, Land, Getreide, jeder zahlte mit dem, was er hatte, diese Angaben konnten also durchaus richtig sein. Und dann beschrieb die Kardos detailreich den Todeskampf jener, die das Gift zu sich genommen hatten. Ihre Zuhörer lauschten entsetzt, mit weißen Gesichtern. Nachdem die Kardos ihre lebendige Schilderung beendet hatte, meinte sie noch: »Ich habe meinen eigenen Mann und meinen eigenen Sohn getötet, also weiß ich, wie sie starben. Ich bin verurteilt, und ich will nicht, dass die andere Mörderin entkommt.« Trotzdem baumelte Maria Varga nicht am Galgen, sondern wurde für ihr restliches Leben hinter Schloss und Riegel gesperrt, denn die Morde an ihrem Lebensgefährten und dessen Großvater konnten ihr nicht eindeutig nachgewiesen werden.

Marias Vater wusste als Ermittler, wie Arsen wirkte. Er erklärte seiner Frau, wie ähnlich die Symptome jener der Cholera waren und diese konnte aufgrund von verseuchtem Grundwasser ohne Weiteres in einem abseits gelegenen Dorf auftreten, das war keine Seltenheit und damit der beste Deckmantel. Die Vergifteten übergaben sich, litten an Durchfall und wanden sich unter Krämpfen. Die Totenscheine in Nagyrév wurden übrigens von Zsuzsanna Oláh ausgestellt, die kräftig mitmischte. Maria hatte einmal gehört, dass die Leiche einer Frau extra ins Wasser geworfen worden war, um Tod durch Ertrinken vorzutäuschen. Am beliebtesten war jedoch die Todesursache Herzinfarkt.

Wäre ein Arzt im Dorf ansässig gewesen, hätten die Frauen nicht so lange unentdeckt morden können. Wobei eigentlich niemand so genau wusste, wie die Sache ans Licht kam. Da war von einer Leiche die Rede, die irgendwo ans Ufer der Theiß gespült und von einem Medizinstudenten entdeckt und untersucht worden war. Sensationslüsterne Zungen sprachen davon, dass eine Giftmischerin in flagranti erwischt worden wäre, aber auch das schien ein Gerücht zu sein. Viel eher glaubhaft erschien Maria die Geschichte eines anonymen Leserbriefes, denn immerhin war die Gegend seinerzeit als »Mordviertel« berüchtigt.

Am einleuchtendsten fand Maria jedoch die Begründung, dass bei der Volkszählung offenbar geworden war, dass in Nagyrév zwar fleißig gestorben wurde, aber kaum jemand das Licht der Welt erblickte. Die Geburtenrate hätte fast zehn Mal so hoch sein müssen, und das zog eine Untersuchung nach sich. Dabei stellte sich heraus, dass eine große Zahl gesunder, junger Männer gestorben war. Als der Stein ins Rollen kam, berichteten die Zeitungen landesweit. Reporter aus dem Ausland reisten nach Nagyrév, vom Blut angezogen wie Fliegen von totem Fleisch. Und dann trieb die Gerüchteküche ihre Blüten. Marias Vater kannte sie alle und wusste sie eindringlich zu schildern. So hörte Maria eines Abends zufällig, sie wollte sich eigentlich nur ein Glas Wasser holen, dass die Mörderinnen bei Nacht die Grabsteine umstellen wollten, um ihre Spuren zu verwischen. Die Polizei sollte dort graben, wo sicher kein Arsen zu finden war. Doch dazu kam es nicht. Marias Vater berichtete außerdem, wie emotionslos die Angeklagten blieben, wenn sie gefragt wurden, warum sie denn um Himmels willen die Morde begangen hatten. War es ein innerer Drang, eine

Notwendigkeit oder doch eher ein kollektiver Wahn, der durch ihre Sinnesfreude ausgelöst worden war?

Im Jänner 1931 wurde Maria Kardos gehenkt. Achtzig Jahre lang war im Land keine Frau mehr hingerichtet worden, das Gnadengesuch ihres Anwalts war wie erwartet abgelehnt worden. Die damals kleine Maria war natürlich nicht bei der Vollstreckung des Urteils dabei, aber man hörte rundherum davon erzählen, denn die Schaulustigen ergötzten sich noch im Nachhinein an dem Ereignis. Unzählige Leitern waren an die Mauern des Gefängnisses gelehnt worden, die Türen, Fenster und Dächer im Umkreis waren von Menschen belagert. Jeder wollte die männermordende Kardos sterben sehen. Die Giftmischerin selbst hatte die Nacht im Gebet verbracht, so erfuhr man später aus der Zeitung, und ihr Testament gemacht. Als der Henker, der sein Handwerk mit Sorgfalt ausübte, in die Zelle der Todeskandidatin kam, um ihr Gewicht zu schätzen, verfiel Maria Kardos in Panik. Sie wurde mehr zum Schafott getragen, als dass sie selber ging. Ein Henkersgehilfe band ihre Arme zusammen, ein anderer ihre Beine. Ihr Pflegesohn Stephan hörte sie noch »Gott helfe mir!« rufen, dann wurde der Schemel weggetreten und der Körper der ehemals so schönen und reichen Frau tanzte in der Luft. Stephan rannte schreiend davon.

Gerade eben wurde der Bericht über die Frauen von Nagyrév angekündigt. Maria drehte das Radio lauter. Schließlich waren 26 Frauen vor Gericht gestanden, erinnerte sie sich, acht davon wurden zum Tode verurteilt, sechs allerdings wieder begnadigt. Zwölf Frauen erhielten zum Teil lebenslängliche Freiheitsstrafen. Was Maria jedoch nach wie vor erschütterte, war, dass die Anstifterin all dieses Übels oder zumindest diejenige, die den unzufriedenen Frauen den Weg gewiesen und das Gift gereicht hatte, der irdischen Gerechtigkeit entging. Sie selbst hatte es für Jim Fish so treffend formuliert, wie es ihr wahrscheinlich nie wieder gelingen würde. Ihr Vater wäre stolz auf sie gewesen: »Als sie die Gendarmen kommen sah, war ihr klar, dass es für sie vorbei war. Als sie das Haus erreichten, war sie bereits tot – sie hatte etwas von ihrem eigenen Gift genommen. Schließlich konnte die Frau, die die Macht über Leben und Tod im Dorf innehatte, es nicht ertragen, sie jemandem zu überlassen.«

Im Jahr 1929 wurden in Ungarn 34 Frauen verhaftet, die verdächtigt wurden, ihre Ehemänner, Eltern, Geschwister, ja sogar Kinder vergiftet zu haben. Zumeist werden 40 Opfer angegeben, es war in der Region aber von bis zu 300 die Rede. Ereignet hatten sich die Giftmorde in der 60 Kilometer südöstlich von Budapest gelegenen kleinen Ortschaft Nagyrév, in der Nähe von Tiszakürt, in den Jahren 1914 bis 1929; unter der Hand sprach man vom »Mordviertel«. Die Lage der ungarischen Frauen zu jener Zeit war trist, oft waren sie in ungewollten Ehen gefangen. Der Erste Weltkrieg brachte ihnen Selbstständigkeit und ein Kriegsgefangenenlager am Rand des kleinen Dorfes willige Männer, weshalb die Frauen von Nagyrév nicht begeistert waren, als ihre Ehegatten aus dem Krieg zurückkamen, um wieder in ihre alten Rechte eingesetzt zu werden. Mit Hilfe der Hebamme Zsuzsanna Fazekas, die Arsen aus Fliegenfängern extrahierte, wurden viele dieser Männer ins Jenseits befördert. Die Gruppe der »Witwenmacherin-

nen von Nagyrév« verfolgte einen Ehrenkodex, nur Ehemänner sollten daran glauben, bald aber wurde jede Person ermordet, die im Weg stand. Neben drei widersprüchlichen Erklärungen, wie die Engelmacherinnen von Nagyrév entdeckt wurden, gibt es auch unterschiedliche Darstellungen vom Freitod der Hebamme Zsuzsanna Fazekas. 34 Frauen und ein Mann wurden angeklagt, 26 Frauen letztlich der Prozess gemacht. Acht davon wurden zum Tod verurteilt, die restlichen zu einer zum Teil lebenslänglichen Gefängnisstrafe. Hingerichtet wurden aber nur zwei der Frauen.

HONORINE PELLOIS, DAS MORDSÜCHTIGE KIND

Frankreich

Honorine war ein garstiges Mädchen. Wie sie zu ihrem unpassenden Namen gekommen war, wusste sie selber nicht. Aber da Namen Schall und Rauch sind – das hatte der schmerbäuchige Pfarrer überzeugend von der Kanzel gepredigt –, war es ohnehin egal. Sie durfte böse sein. Immer und immer wieder war sie herabgesetzt worden und das tat weh. Warum also sollte sie nicht auch andere quälen, das war nur gerecht. Die eigentlichen Übeltäter waren ohnehin die Erwachsenen, taten scheinheilig, als ob sie nur das Beste für ihre Kinder wollten, und kränkten diese trotzdem unaufhörlich.

Zunächst hatte Honorine mit ihren Eltern in Saint-Cyr-la-Rosière gelebt, dort war sie auch geboren worden. Arm waren sie immer gewesen und die Leute hatten sie gemieden. Warum, das wusste das Mädchen nicht, denn ihre Mutter hatte sie immer gelobt. Egal ob sie nun ein Huhn mit ins Haus brachte, dem sie eigenhändig zunächst die dürren Beine gebrochen und dann den Hals umgedreht hatte, oder aber eine Katze, die sich mit Zähnen und Klauen wehrte und Honorine die Arme blutig riss. Aufregend war es gewesen zuzusehen, wie andere ins ewige Himmelreich eingingen. Das Mädchen wunderte sich jedoch, dass sie sich erbittert dagegen wehrten, wo es dort doch so schön sein sollte. Als sie ihre Mutter danach fragte, meinte diese nur, sie würde es früh genug erfahren, nahm ihr das Huhn aus der Hand und machte sich daran, es zu rupfen. Die Hunde, denen sie mit Vorliebe die Nase aufschlitzte, mochte die Mutter allerdings nicht braten und Katzen mundeten der Familie ebenso wenig.

Das, was die anderen Kinder spielten, hielt Honorine für langweilig und je öfter sie sich daran beteiligte, desto weniger hatte sie Lust auf Verstecken und Fangen spielen. Zunächst hatte sie noch ganz viele kleine Kameradinnen und Kameraden, aber mit der Zeit wurden es weniger, obwohl Honorine aufregende Spiele wusste. Die meisten davon hatte sie selbst erfunden. Am liebsten befahl sie den anderen, ganz ruhig zu stehen und die Augen weit aufzureißen. Wer so dumm war, musste einfach damit rechnen, dass er eine ordentliche Portion Sand verpasst bekam. Das war dann ein Heulen und Augenreiben, aber Honorine war nicht faul und schlug derweil mit langstieligen Brennnesseln auf jede Stelle freier Haut, die sie erwischen konnte, denn das gab schöne Blasen. Schade, dass alle so wehleidig waren, sie war kaum jemals dazu gekommen, ihnen mit den Brennnesseln auch noch in die Augen zu fahren, weil die Kinder davontorkelten und weinend nach ihren Müttern riefen. Diese Memmen! So kam sie nicht mehr dazu, sie mit ihren kleinen, festen Fingernägeln zu zwicken und blutig zu kratzen.

Honorine haschte einfach nach allem, was sich bewegte und schwächer war als sie, und ging dann nach Hause, als ob sie das bravste Mädchen der Welt wäre. Die Mutter lobte sie weiterhin fleißig und glaubte den anderen Erwachsenen, die sich über ihre Tochter beschwerten, kein Wort. Aber der Vater sah das anders. Das Mädchen knirschte mit den Zähnen, das konnte sie seit jeher ausgezeichnet, angeblich klang es wie bei einem wütenden Affen. Ihre schwarzen Augen glühten, als könnte sie damit Blitze schleudern. Der Vater, den sie bald gar nicht mehr leiden mochte, packte sie am Genick und hieb mit einer Gerte auf ihre Kehrseite ein, dass ihr Hören und Sehen verging. Wieder und immer wieder und dann band er sie auch noch mit dem Fuß am Bett fest. Nicht bewegen sollte sie sich und weggehen auch nicht. Ihre Mutter warf ihr mitleidige Blicke zu, aber besser wurde es dadurch nicht. Honorines einziger Trost war, sich auszumalen, was sie dem einen oder anderen Kind antun würde, wenn sie seiner habhaft werden konnte.

Naturgemäß wollte bald niemand mehr mit ihr spielen, aber trotzdem war Honorine traurig, als die Familie nach Bellême umzog. Wäre das Mädchen älter gewesen, so hätte es möglicherweise gewusst, dass diese Stadt im Départment Orne im Nordwesten Frankreichs lag. Aber das war ohnehin nicht von Belang, denn Honorine hatte ganz andere Interessen. Sie war zehn Jahre alt und machte sich auf die Suche nach neuen Abenteuern, die mehr Spannung versprachen. Der Zufall trieb ihr ihr erstes Opfer in die Arme. Es war ein zweijähriges Mädchen, das Honorine als Vorbild vor Augen gehalten wurde. Was war die kleine Amélie nicht putzig, so hieß es. Wie lieb und nett und brav! Sie zerriss ihr Kleid selten und prügelte sich nie mit anderen Kindern. Sie war artig und hübsch obendrein. Honorine solle sich ein Beispiel an ihr nehmen! Honorine kochte vor Wut, eine Zweijährige sollte besser sein als sie? Sie hörte sich das Gerede der Erwachsenen eine Zeit lang an und dann platzte ihr der Kragen. Innerlich nur, aber sie glaubte das Geräusch hören zu können, auch wenn sie nur wusste, wie man Hälse umdreht, und sich nicht sicher war, ob sie auch platzen. Wenn sie es nur geschickt genug anginge, würde sie nicht bestraft werden, sondern könnte sich für die Schmach rächen und das dumme Gerede würde endlich aufhören.

Es war Mitte Juni, als die Menschen sich um einen Brunnen scharrten und der Schrei einer Mutter, die gerade ihr Kind für immer verloren hatte, die Luft zerriss. Honorine weidete sich am Schrecken der Menge, die sich flüsternd unterhielt, am Wehklagen und überhaupt an dem ganzen Aufruhr. Die Eltern der kleinen Amélie Alexandre waren Holzschuhmacher wie ihre auch, sie wohnten gar nicht weit entfernt. Da war es nur natürlich, dass sie ihr Beileid bezeugte. Nachdem der kleine Leichnam triefend aus dem Brunnen gezogen worden war, folgte sie dem Zug der Anteilnehmenden zum Haus der Ertrunkenen. Das Kind, so munkelten die Leute, habe sich selbst in den Brunnen geworfen. Als ob so etwas vorkäme! Honorine hatte in sich hineingelacht und als sie dann endlich auf der Schwelle des Hauses stand und die weinenden Eltern sah, die ihr totes Kind im Arm hielten, konnte sie einfach nicht mehr an sich halten: Sie lachte lauthals, sprang auf und ab, knirschte mit den Zähnen, kurzum, sie verhielt sich tatsächlich wie ein toll gewordener Affe. Nichtsdestotrotz erbat sie sich beim Leichenzug eine Kerze, um die Kleine auf ihrem Weg ins Himmelreich zu geleiten.

Honorine betrat an diesem Abend mit stolz geschwellter Brust ihr Elternhaus und bemerkte mit Genugtuung, dass ihr Vater nicht schmerzhaft nach ihrem Genick griff und ihre Mutter endlich einmal den Mund hielt. Selig ging sie zu Bett und ließ die Szene der Ermordung der kleinen

Amélie wieder und wieder vor ihrem inneren Auge Revue passieren. Es gab noch so viel zu tun und sie freute sich darauf! Zufrieden schloss sie die Augen und sank in einen erholsamen Schlaf. Am folgenden Tag schlich Honorine durch die Straßen der Umgebung, um ihr nächstes Opfer auszuspähen. Ihre Mutter hatte es nicht unterlassen können, die verstorbene kleine Kröte über den grünen Klee zu loben! Honorine kam sich herabgesetzt vor und alles andere als geliebt, aber die Suche nach einem schwachen Kind hob ihre Stimmung gewaltig und ließ sie die unangebrachte Lobhudelei ihrer Mutter irgendwann vergessen.

Am darauffolgenden Tag schlug Honorine dann abermals zu. Sie war dreister geworden und marschierte schnurstracks zur Familie Hersant. Die kleine zweieinhalbjährige Virginie spielte gerade mit ihrem Bruder, doch das hinderte Honorine nicht, das Mädchen einfach bei der Hand zu nehmen und sie mit ernsthafter Stimme zu fragen, ob sie denn nicht auch geheilt werden wolle? Das wäre möglich, ganz nah, gleich dort beim Brunnen könnte das geschehen. Wie weit die Kleine Honorine verstand, sei dahingestellt, jedenfalls nahm sie brav die Hand des größeren Mädchens und ging mit. An der anderen Hand hielt Honorine ihre eigene kleine Schwester, auch so ein lästiges Ding, das sie aber nicht loswerden konnte, ohne ihren Vater auf den Plan zu rufen, und das war keine gute Idee.

Als Honorine mit diesem lästigen Anhängsel und der kleinen Virginie den Brunnen erreicht hatte, lief ihnen ausgerechnet die neugierige Frau Bothereau über den Weg. Eine von der Sorte, die ständig herumschnüffelt und ihre lange Nase in Dinge hineinsteckt, die sie partout nichts

angehen! Die Alte hatte Honorine sogar gewarnt, sie solle dem Brunnen lieber fernbleiben, er wäre gefährlich. So
eine dumme Kuh! Und ausgesagt hatte sie dann auch noch
gegen sie! Sie hatte nicht vergessen, dass Honorine schnip-
pisch geantwortet hatte, sie solle sich doch lieber um ihre
eigenen Angelegenheiten kümmern. Da Frau Bothereau
jedoch keine hatte, war sie erbost davongegangen und hatte
über das unhöfliche Mädchen den Kopf geschüttelt. Zum
Zeitpunkt ihres gut geplanten Verbrechens scherte Honorine sich keinen Deut darum, sie spürte nur Amélies heiße
kleine Hand in ihrer und schwelgte im Genuss der Tat, die
sie in Kürze ausführen würde.

Und das Werk gelang! Honorine musste sich noch nach-
träglich loben, am liebsten hätte sie sich auf die Schulter
geklopft, aber dann sah der Wärter wieder so dumm her-
über und drohte ihr mit dem Schlüsselbund. Er war ihr
erklärter Feind, vielleicht weil er selbst zwei kleine Mädchen zu Hause hatte. Den anderen, jungen, den konnte sie
um den Finger wickeln, wenn sie wollte ... Nur kurz waren
Honorines Gedanken in die Gegenwart abgeschweift, dann
weilten sie wieder dort, wo es ihr am besten gefiel. Gesucht
hatten die Erwachsenen nach Virginie, das war ein Geren-
ne gewesen! Und sie hatte eifrig mitgeholfen, ihre eigenen
Spuren zu verwischen! Hatte die Meute in die entgegen-
gesetzte Richtung geschickt mit der treuherzigen Versiche-
rung, dass das kleine Mädchen dort entlanggegangen wäre.
Sie schloss sich sogar dem Zug an und rief, suchte und
drehte jeden Stein um. Lachhaft war das gewesen! Doch der
Leichnam wurde bald entdeckt, nur eine halbe Stunde hatte es gedauert, dann ging es wieder von vorne los mit dem
Geheule einer Mutter und der Menschenmenge rund um

den Brunnen, die zuerst teilnahmsvoll schwieg und dann leise zu tuscheln begann.

Ein Neunmalkluger sagte dann plötzlich laut das Wort Mord. Es wurde totenstill. Ein alter Mann trat auf den Rufenden zu, Honorine sah es von ihrem nahe gelegenen Hügel, von dem sie alles beobachtete, genau. Er schob sich die Mütze aus der Stirn und fragte, wie der andere zu so einer Verleumdung käme. Doch dieser, deutlich jünger und wenn schon nicht gebildet, so doch mit gesundem Menschenverstand gesegnet, zählte einige gute Gründe für seine Vermutung auf. Wie hätte denn ein so kleines Mädchen zum Brunnenrand hinaufgelangen sollen? Noch dazu ein so schwächliches? Ein Raunen ging durch die Menge und Virginies Mutter stieß einen schrillen Schrei aus. Das tropfnasse Kind fest an sich gedrückt, brach sie vollends zusammen. Honorine grinste und fletschte die Zähne, das war wieder ein Spaß gewesen! Die Dummheit der Leute war so unterhaltsam!

Wenn sie sich nur nicht zwei Tage später dazu hätte hinreißen lassen, einen Jungen, der noch dazu ein wenig älter war als sie, anzufallen! Aber es war einfach zu verlockend gewesen! Gaucliard beugte sich über den Brunnen und trank mit derartigem Genuss, dass sie gedacht hatte, sie hätte leichtes Spiel. Nun, vielleicht würde er ein bisschen zappeln und strampeln, das kannte sie ja schon, und natürlich würde er etwas stärker sein als die beiden kleinen Mädchen, aber sie hatte keineswegs damit gerechnet, dass er so kräftig war und sich mit Händen und Füßen wehren würde. Im Nachhinein betrachtet, war der Brunnen mit drei Fuß wohl auch nicht besonders tief, sie hätte nachdenken und sich nicht von ihren Gefühlen hinreißen lassen sollen. Wobei ihr das noch nicht das Genick gebrochen hatte – im übertragenen Sinn gesprochen –, sondern zwei bösartige Mädchen, die sie aushorchen wollten!

Richtig verschwörerisch hatten sie ihr zugeblinzelt und gemeint, sie hätten alles gesehen. Ob sie ihnen denn nicht die ganze spannende Geschichte erzählen wollte, sie wären so neugierig. Aber so dumm war sie, Honorine, natürlich nicht gewesen! Sie hatte von einem Unfall gefaselt und dass sie Virginie nur kurz am Brunnenrand abgelegt habe, um sie auf den Rücken zu nehmen. Und dann sei die Kleine einfach weg gewesen! Sie hatte die beiden noch gebeten, sie auf keinen Fall zu verraten. Insgeheim hatte sie gehofft, dass sie tatsächlich Freundinnen gefunden hatte. Zu dritt könnten sie die Brunnen der ganzen Stadt mit toten kleinen Kindern füllen! Ein angenehmer Gedanke, so fand Honorine auch jetzt noch. Aber natürlich waren die beiden Verräterinnen gewesen, falsche Schlangen, die ihr die Gendarmen auf den Hals hetzten. Honorine hatte alles geleugnet und den Untersuchungsrichter ganz schön an der Nase herumgeführt! Mit ihren zehneinhalb Jahren hatte sie ihm erfolgreich eingeredet, dass alles ein Unfall gewesen wäre und zu guter Letzt zerknirscht gestanden, dass auch Amélie ihr entglitten wäre. Der Tölpel hatte ihr doch tatsächlich geglaubt! Frei kam sie aber trotzdem nicht.

Als sie schließlich sah, dass die Justiz einfach nur beschränkt war und sie den Männern alles erzählen konnte, was ihr gerade in den Sinn kam, erwachte Honorines Ehrgeiz. Wollte denn niemand anerkennen, wie gut sie die Sache eingefädelt hatte, mit welcher Schläue sie diese umgesetzt und mit welcher wahrlich großartigen Verstellungskunst sie dann die Unschuldige gespielt hatte? Und so hatte sie dann doch alles erzählt, ein wenig geprahlt hatte sie vor ihren Mitgefangenen. Wie konnte sie auch wissen, dass diese gleich alles weitersagen würden? Nicht einmal sie schienen zu verstehen, wie kränkend es war, immerzu zu hören, dass alle anderen netter wären als man selbst. Wer hätte diese kleinen Gören denn nicht an Armen und Knöcheln gepackt und mit Genugtuung in den Brunnen geworfen? Und dann stellte man sie vor Gericht! Sie, ein kleines Mädchen! Wie gemein war das denn!

Von Anfang an waren alle gegen sie, das hatte Honorine sogleich bemerkt. Dabei hatte ihr Verteidiger Verrier gemeint, dass Mordsucht in Frankreich so etwas wie eine Krankheit und nicht unbekannt wäre. Eine unerklärliche Neigung, die Menschen wie sie dazu treiben würde, zu töten. Ob das nun gut oder schlecht für sie war, verstand Honorine nicht, aber als sie in den Gerichtssaal gebracht wurde, trug sie ein leutseliges Lächeln zur Schau und gab sich schüchtern und manierlich. Eine große Menschenmenge drängte sich im Saal, alle wollten das kleine Monster sehen. Honorine saß zwischen zwei Gendarmen, die Uniformen und Waffen der Männer weckten ihre Neugier. Zu dumm, dass sie die Maske des unschuldigen Kindes nicht lange genug aufrecht halten konnte! Zunächst waren Zeugen aufgetreten und einer hatte doch glatt die alte Geschichte mit den Fröschen ausgegraben, die sie bei lebendigem Leib gehäutet hatte. Da war sie noch eine blutige Anfängerin gewesen! Und die paar Lämmer, denen sie den Hals umgedreht hatte. Mein Gott, das waren doch nur dumme Tiere! Das sahen aber anscheinend nicht alle so, denn der aufgeblasene Zeuge, der es offensichtlich genoss, im Mittelpunkt zu stehen und immer wieder zu ihr hinschielte, betonte, dass ihre Augen vor Freude Funken gesprüht hätten bei der Tat und dass sie wie ein wildes Tier mit den Zähnen geknirscht hätte.

Danach kamen Frauen und Männer zu Wort, die behaupteten, dass Honorine schon vor den beiden Kleinen, die sie so erfolgreich in den Brunnen werfen konnte, nach Opfern gesucht hätte. Was auch stimmte, aber Honorine bewahrte die Haltung eines Unschuldslammes und blieb dabei, dass es sich nur um einen Spaß gehandelt habe. Dann begannen die lästigen Fragen und Honorine tat alles, um sich aus der Sache herauszuhalten. Sie starrte den einen Gendarmen an, der weiterhin stur geradeaus blickte, und dann den anderen, der sie mit einer Mischung aus Abscheu und Erstaunen musterte. Aber da es schließlich ihre Verhandlung war, packte sie der Stolz und sie erzählte, wie sie die beiden Mädchen weggelockt und über den Brunnenrand befördert hatte. Der Richter beugte sich zu ihr und fragte mit Donnerstimme, warum in aller Welt sie das getan habe? Warum wohl, dachte sie und wunderte sich, dass er nicht einmal das wusste. Aus Neid natürlich, trumpfte sie auf. Alle anderen Kinder waren stets gelobt worden. So lieb wären sie, so nett, so hübsch! Nur sie nicht, um sie kümmerte sich niemand. Dabei war sie auch nicht unansehnlich, ihre Glieder waren gerade, sie war nicht mager und auch nicht fett, hatte ein ansprechendes Gesicht, hübsche Sommersprossen und schwarze Augen.

Gerade als Honorine dachte, das Ärgste überstanden zu haben, berichteten weitere Zeugen, wie sie nach ihrer Tat die Eltern der kleinen Amélie ausgelacht und sich auf deren Türschwelle wie ein wahnsinniger Affe gebärdet hatte. Es gefiel offenbar niemandem, wie sie dabei aus vollem Halse gelacht hatte. Schade, dass nur sie diesen Spaß verstehen konnte! Die Erwachsenen waren durch die Bank humorlos und die Mütter der beiden kleinen Mädchen brachen immerfort in Tränen aus. Honorine konnte nicht mehr an sich halten; hatte sie vorher alles ohne offensichtliche Regung über sich ergehen lassen, so stahl sich jetzt doch ein strahlendes Lächeln in ihr Gesicht.

Und dann kamen die Ärzte zum Zug. Sie tasteten an ihrem Kopf herum und machten sich Notizen, um ihren moralischen Zustand – so nannten sie es – zu erkunden. Überall an ihrem Körper strichen und drückten sie herum, sahen ihr in den Mund und alle anderen Körperöffnungen. Das war fast schon wieder aufregend, aber Honorine wusste nicht so genau, wie sie sich verhalten sollte, und das verunsicherte sie doch ein wenig. Im Gerichtssaal hörte sie dann, dass die Form ihres Schädels eindeutig beweise, dass sie intelligent wäre, was so viel hieß wie klug. Natürlich war sie das, klüger als viele, die hier saßen und sie mit Abscheu betrachteten. Dann erklärte einer der Ärzte noch lang und breit, dass sie nach Dr. Gall – wer immer das auch sein mochte – über ausgeprägte Organe für List und Grausamkeit verfüge. Außerdem sei ihr Körper unvollkommen und außergewöhnlich, was auf lasterhafte Gewohnheiten schließen lasse.

So ein ausgemachter Unsinn, dachte Honorine, und dann kam der Vorsitzende auf den elfjährigen Gaucliard zu sprechen, den Burschen, den sie nicht hatte ertränken können, was ihr immer noch leidtat. Unwissend wie der Mann war, fragte er, warum sie es versucht habe. Warum wohl? Musste man diesen Herren, die so von oben auf einen herabsahen, wirklich alles doppelt und dreifach erklären? Honorine straffte die Schultern und blickte den Fragenden mit ihren kalten schwarzen Augen durchdringend an. Sie habe ihn ertränken wollen. Ihr Verteidiger rief laut dazwischen, dass sie die Frage sicher falsch verstanden habe, aber dem war nicht so und das stellte Honorine laut und deutlich klar.

Dann kam der feierliche Moment, in dem der Staatsanwalt des Königs, Herr Chéradine, das Wort ergriff. Das tat er nur für sie und Honorine war stolz darauf, denn wie sein Name schon sagte, musste er ein enger Vertrauter des Monarchen sein. Er würde sie verstehen und dann konnte sie wieder nach Hause gehen. Es juckte sie unter den Fingernägeln, ein weiteres Kind in den Brunnen zu werfen, und hier wurde sie nur aufgehalten! Doch der Mann betonte in seinem Plädoyer, dass ihr Leugnen und all das, was sie getan hatte, um die Morde zu vertuschen, zeige, wie gut sie urteilen könne. Sie sei wie ein Dämon grinsend und gackernd auf der Schwelle gestanden, als die Eltern ihr totes Kleinkind betrauerten, sie habe sich förmlich an deren Leid geweidet. Außerdem verhalte sie sich völlig gleichgültig und das in jeglicher Hinsicht.

Honorine hörte nur mit halbem Ohr hin. Sie schlenderte unbekümmert im Gerichtssaal umher, bis der königliche Anwalt sie mit berüchtigten Mördern wie Louis-Auguste Papavoine und Antoine Léger verglich. Honorine verharrte mitten in der Bewegung und lauschte aufmerksam dem, was der Staatsanwalt gerade erzählte: Léger hatte ein junges

Mädchen in eine Höhle verschleppt, es dort vergewaltigt, ihr danach das Herz herausgerissen und das warme Blut daraus getrunken. Das war einmal eine schöne Geschichte gewesen, richtig herzerwärmend! Und mit einem Mann wie ihm hatte man sie, Honorine, verglichen. Was für eine Ehre! Ihre Augen funkelten und man merkte ihr an, wie ergriffen sie war, wenn auch die wenigsten den wahren Grund dafür ahnten.

Leider war ihr das Lachen bald vergangen, denn die Geschworenen hatten gar nicht lange gebraucht, um ein hartes Urteil zu fällen. Sie waren zunächst aus dem Saal gerauscht, dann kamen sie wieder und einer von ihnen verkündete, was sie beschlossen hatten. Honorine wurde dabei ganz still, sie presste die Lippen zwischen die Zähne und ballte die Fäuste, als sie begriff, dass diese Unmenschen sie für zwanzig Jahre hinter Gitter sperren wollten! Und damit nicht genug, wenn sie endlich herauskam, und da war sie dann schon eine alte Frau, würde die Oberpolizei noch weitere zehn Jahre ein Auge auf sie haben. Wie ungerecht diese Welt war! Nicht, dass sie etwas bereute, außer vielleicht, dass sie so bald gefasst worden war. Ja, das auf alle Fälle. Aber wie lange musste sie nun darauf warten, bis sie wieder ans Werk gehen konnte! Wie unvorstellbar lange, wenn doch schon ein Bruchteil davon so schleppend verging. Vielleicht sollte sie gleich damit beginnen, dem jüngeren Wächter schöne Augen zu machen, immerhin war sie inzwischen bald sechzehn und damit eine Frau. Es wäre doch gelacht, wenn sie nicht jemandem den Kopf so verdrehen konnte, dass sie an den Schlüssel kam, der ihr die Freiheit brachte. Die Freiheit, hinzugehen, wohin sie wollte, und unters Wasser zu drücken, wen und so lange sie wollte. Daran hielt sie sich fest und daran dachte sie Tag und Nacht. Gut Ding braucht eben Weile und je besser sie plante, desto sicherer kam ihr keiner mehr auf die Schliche. Und genau so sollte es sein.

Honorine Pellois wurde 1824 in Saint-Cyr-la-Rosière geboren. Sie soll bereits in ihrer frühen Kindheit Tiere und schwächere Kinder gequält haben. Später zog die Familie in die Stadt Bellême, wo sie im Juni 1834 innerhalb von drei Tagen zwei kleine Mädchen, die zweijährige Amélie Alexandre sowie die zweieinhalbjährige Virginie Hersant, in einem Brunnen ertränkte. Zunächst wurde angenommen, die Mädchen wären über den Brunnenrand gefallen, aufgrund seiner Höhe war das aber gar nicht möglich. Am 20. Juni, also zwei Tage nach dem zweiten Verbrechen, versuchte Honorine Pellois einen Elfjährigen namens Gaucliard zu ertränken, der sich aber erfolgreich wehrte. Zwei von der Polizei auf sie angesetzte Mädchen versuchten die kindliche Serienmörderin zu überführen, Honorine sprach jedoch von Unfällen und blieb auch bei den nachfolgenden Verhören bei ihrer Version. Allerdings verriet sie sich im Gefängnis von Mortagne. Der Prozess wurde zu einer Sensation, alle wollten das »kleine Monster« bestaunen. Honorine Pellois zeigte während ihrer Verhandlung keinerlei Reue und gab ihre Antworten, so hieß es, mit erschreckender Naivität. Neid war ihr Antrieb. Sie wurde zu einer zwanzigjährigen Haftstrafe in einer Besserungsanstalt verurteilt und danach für weitere zehn Jahre unter Beobachtung gestellt.

BELLE GUNNESS, DIE SCHWARZE WITWE VON LA PORTE

Vereinigte Staaten

Es war schon etwas Besonderes, wenn man groß war und stark und nicht so mickrig wie die anderen Frauenzimmer, die um ihre Männer herumscharwenzelten und ohne die sie weder denken noch handeln konnten! Belle Gunness straffte ihre Schultern und verzog die Lippen zu einem einladenden Lächeln. Wer genauer hingesehen hätte, hätte bemerkt, dass ihre Augen dabei genauso kalt und starr blickten wie stets. Aber wer nimmt sich schon so viel Zeit und der Verehrer, der gerade aus dem Zug stieg und auf die unverkennbare Figur am Bahnsteig zusteuerte, hatte anderes im Sinn. Belle war eine markante Erscheinung, über 1,80 Meter groß und alles andere als ein leichtes Mädchen, sie brachte in ihren besten Zeiten gute 130 Kilo auf die Waage. Wehe der Person, die sich ihr in den Weg stellte! Aber sie schrieb auch wunderbare Briefe und nannte eine Farm im Wert von 15.000 Dollar ihr Eigen.

Andrew Helgelien, ein Mann in den besten Jahren, war jedenfalls kein Kostverächter, er hatte gerne etwas in Händen und von der Frau, die er liebte, konnte er ohnehin nie genug bekommen. So begrüßte er Belle erfreut und genauso höflich, wie es sich für einen Gentleman geziemt, reichte ihr den Arm, führte sie zu ihrem wartenden Pferdewagen, half ihr auf den Kutschbock und kletterte danach selbst hinauf. Seine Habseligkeiten stellte er zwischen seine Beine, denn er reiste zwar mit leichtem Gepäck, aber umso mehr Geld in der Tasche. Er hatte nichts anderes im Sinn, als hier in La Porte im Bundesstaat Indiana, an die achtzig Kilometer von Chicago entfernt, mit der aparten Belle ein neues Leben zu beginnen.

Mrs. Gunness trieb die Pferde an, dabei hielt sie die Zügel mit geübter Hand und die Tiere gehorchten ihr aufs Wort. Mit ihren Gedanken aber schien sie weit fort, sie hielt den Blick geradeaus gerichtet und beachtete ihren Begleiter nicht weiter. Dieser wollte sie nicht stören, sondern betrachtete eingehend die Landschaft und warf der korpulenten Frau, mit der er wohl den Rest seiner Tage verbringen würde und für die er extra aus South Dakota angereist war, immer wieder heimliche Blicke zu. Ihm gefiel, was er sah, sie wirkte robust und so, als ob sie auch kräftig anpacken könnte. Was nicht unwichtig war, wenn es galt, eine Farm zu bewirtschaften. Ihn selbst hatte seine stumme Begleiterin bereits am Bahnsteig ausgiebig gemustert. Wie viele ihrer Bekanntschaften stammte er ursprünglich aus Norwegen.

Sie wäre auch immer noch dort, wenn nicht ihre Schwester aus Amerika nach ihr geschickt hätte. So war sie damals mit gerade einmal 24 Jahren auf ein Schiff gestiegen und hatte die beschwerliche Überfahrt gewagt. Die Reise war lang gewesen und die Nächte einsam. Umso besser war es, dass sie es stets verstanden hatte, sich unliebsame Personen vom Leibe zu halten. Im Grunde machte sie sich nämlich nichts aus Männern und bei näherer Betrachtung auch nicht aus Frauen oder Kindern. Menschen waren ihr fremd und am liebsten hätte sie keinen einzigen mehr zu Gesicht bekommen. Für den Rest ihres Lebens. Jetzt aber brauchte sie wieder männliche Gesellschaft, um ihre Bedürfnisse zu befriedigen, und diese wichen sehr weit von dem ab, was der Mann an ihrer Seite offensichtlich dachte, der sie mit begehrlichen Augen musterte. Sie spielte ihre Rolle gut, seit sie, kaum in Chicago angekommen, ihren Namen von Brynhild auf Belle geändert hatte, wobei sie sich die Freiheit nahm, sich auch ab und zu Bella zu nennen. Sie schmunzelte und ihr Begleiter betrachtete sie mit Wohlgefallen.

In Chicago hatte sie auch gleich ihren ersten Mann, einen Norweger, kennengelernt. Ob sie ihn geliebt hatte, konnte sie selbst nicht sagen, sie fühlte nie das, was andere ihr beschrieben hatten: die Freude beim Anblick des anderen, das Flattern im Herzen oder das leise Stechen in der Magengrube. Wahrscheinlich war das ohnehin nur Geschwätz und die Leute hielten Herzbeschwerden und beginnende Magengeschwüre für Ausdrücke ihrer überschwänglichen Gefühle. Für Belle jedenfalls zählten seit jeher Taten und dass sie einen tüchtigen Arbeiter daheim hatte, denn sie wollte gut leben und das tat man nun einmal am besten, wenn man nicht arm war wie eine Kirchenmaus. Von der Konditorei ihres Mannes lebten die beiden nicht schlecht und dass diese nach einem Jahr abbrannte, war mehr als ein Glücksfall. Gott oder der Teufel selbst hatten es gut mit ihnen gemeint. Mit der Versicherungssumme leisteten sie sich ein hübsches Haus, groß genug für sie beide und die Kinder. Die kleine Caroline sollte davon nicht mehr viel haben, sie starb bald darauf. Ihr jüngerer Bruder Axel kam zwei Jahre später in den Himmel. Es war der Dickdarm, der beiden zu schaffen gemacht hatte. So stand es im Totenschein und damit war es auch so gewesen.

Aber Belle war fruchtbar und ihr Mann fleißig und so kamen noch zwei weitere Mädchen, Myrtle und Lucy, auf die Welt. Die Nachbarinnen bewunderten die leidgeprüfte Mutter dafür, wie standhaft sie ihren Schmerz ertrug, vor allem als auch noch ihr Mann verschied. Er hatte schon länger an einer Erkrankung des Herzens gelitten und war einem Infarkt erlegen. So machte es wenig Unterschied, dass er vor seiner Zeit abtrat, und Belle stellte die Dose mit dem Strychnin wieder an ihren Platz im obersten Regal, rückte die drei dunkelgrünen, dickbauchigen Korbflaschen davor, wunderte sich einmal mehr über die Leichtgläubigkeit der Ärzte und freute sich über ihre neu gewonnene Freiheit. Es war Ende Juli 1900 und als wohlmeinender Ehegatte und Vater hinterließ der Verblichene eine ansehnliche Versiche-rungssumme. Von diesem Geld und dem Erlös ihres Hau-ses hatte sie sich schließlich die Farm gekauft, die sie noch immer bewirtschaftete, und neben ihr saß nun der Mann, der ihr Vermögen weiter mehren würde.

Es war noch ein gutes Stück bis zu ihrem Besitz und so erlaubte sich die Witwe, weiter ihren Gedanken nachzuhän-gen. Keine zwei Jahre nach dem Tod ihres ersten Mannes heiratete sie abermals einen Norweger. Acht Monate spä-ter streifte sie erneut ihr Witwengewand über. Der Schwei-nefarmer war seiner eigenen Schlachtmaschine zum Opfer gefallen, die plötzlich vom Regal stürzte und ihm den Schä-del einschlug. Trauriger als die Witwe schien ein Mädchen, das auf der Farm lebte und herumerzählte, dass Belle ihren Mann umgebracht habe. Vier Jahre lang hatte sie dazu Zeit, dann verschwand die 16-jährige Jennie Olsen aus La Porte und ward nie mehr gesehen. Schade um das fleißige Mäd-chen, seufzte Belle, aber sie hatte nun einmal unbedingt in

Kalifornien auf die Schule gehen wollen. Konnte sie es dem jungen Ding verwehren, wenn es sich eine bessere Zukunft aufbauen wollte, als sie auf einer Farm am Rande der Stadt erwarten konnte? Wie aber sollte sie, die zweifache, leidgeprüfte Witwe nun zurechtkommen, so mutterseelenallein auf der weiten Welt, oder besser auf ihrem Stück Land? Gut, dass es so viele Taugenichtse gab, die von der Hand in den Mund lebten. Ihnen bot sie gegen tatkräftige Hilfe Brot und Quartier an und nahm auch immer wieder neue auf, denn wer einmal Landstreicher war, den ließ das Lied der Straße bekanntlich nicht mehr los, und so musste Belle den einen oder anderen auch wieder ziehen lassen.

Andrew Helgelien war der Meinung, dass Belle nun lange genug geschwiegen hatte. Er zog ein Stück Papier aus der Tasche, entfaltete es und las mit wohlklingender Stimme: »Kommen Sie nach La Porte; jedem, der hierherkommt, gefällt es so gut, dass er nie wieder fort will.« Er konnte kaum den Blick vom Blatt wenden, und auch wenn die Schreiberin der Zeilen jetzt leibhaftig neben ihm saß, die Worte, die er schon auswendig konnte, berührten ihn so oft er sie las. Andrew lächelte selig, noch nie hatte ihm eine Frau einen Brief wie diesen geschrieben, er konnte es beinahe nicht glauben, dass die Person neben ihm, die so gar nichts Zartes an sich zu haben schien, derart einfühlsame Zeilen verfassen konnte. Aber Frauen waren seit jeher rätselhaft für ihn gewesen und wenn er ehrlich war, reizte ihn genau das. Dass er einer von vielen war, die die Witwe an der Bahnstation abgeholt hatte, aber keiner ihrer Besucher je wieder abgereist war, ahnte er nicht. Es kümmerte auch niemanden, denn die Witwe hielt sich stets bedeckt und lebte zurückgezogen, nur für die Jüngsten und Hilflosesten der Gesellschaft stellte sie ein großes Herz zur Schau. Wann immer Geld für Waisenkinder gesammelt wurde, steuerte Belle eine großzügige Summe bei. Immer wieder betete sie in aller Öffentlichkeit für die Seelen der armen Kleinen und nahm auch gerne welche in ihre Obhut.

Als aber an diesem Tag die Fliegengittertür hinter Andrew zufiel, waren nur Myrtle und Lucy sowie der nachgeborene kleine Philipp im Haus. Flugs fuhr Andrew mit der Hand in seine Jackentasche und hielt den Kindern eine Handvoll Süßigkeiten hin, denn als kluger Mann wusste er, dass man das Herz einer Frau auch über ihre Kinder gewinnen kann. Belle lächelte ihr herzloses Lächeln, aber Andrew sah, wie das nun einmal so ist, genau das, was er sehen wollte, und war zufrieden. Als die Kleinen dann ins Bett mussten und keiner der Arbeiter mehr mit einer lästigen, die Farm betreffenden Frage ins Haus kam, nahmen beide am Esstisch Platz und Andrew griff nach der rauen Hand seiner Zukünftigen, denn als solche betrachtete er sie nicht ohne Stolz. Belle maß ihn mit einem Blick, den er nicht zuordnen konnte, erhob sich dann umständlich und ging ins Nebenzimmer. Nach einer Weile stellte sie zwei wohlgefüllte Gläser auf den Tisch. Ihr Gast lächelte, er hatte nichts dagegen, wenn sie sich Mut antrank, sie war sicher schon viel zu lange ohne Mann gewesen. Ein wenig beschwipst zu sein hob die Stimmung und so leerten beide ihre Gläser in einem Zug. Das brannte die Kehle hinab wie Feuer, aber gleich darauf breitete sich eine wohlige Wärme in ihren Körpern aus.

Eine Weile durfte Andrew glücklich sein und sich vielleicht auch ein bisschen geliebt fühlen, aber viel Zeit war ihm nicht vergönnt. Eines Abends, die beiden genossen die Ruhe nach einem anstrengenden Tag, kredenzte ihm Belle ungewöhnlich schöne Orangen. Herzhaft biss er in die süßen Fruchtspalten und freute sich darüber, dass Belle ihn so verwöhnte, bis das Gift seine Wirkung tat. Zuerst begannen die Hände zu zucken. Dann erstarrte das Gesicht, wobei sich die Mundwinkel fratzenhaft nach hinten zogen. Jedes Geräusch steigerte plötzlich eine nie zuvor gekannte Nervosität, die Andrew bald krampfartig schüttelte und zu Boden warf. Was er noch an Lauten von sich gab, sog die Wand auf, die doppelt verschalt und fein säuberlich mit Sägemehl ausgestopft war. Kurz war dem Opfer der Witwe etwas Ruhe gegönnt, dann kam der zweite Anfall und raffte ihn hinweg. Belle hatte die Vorgänge interessiert beobachtet und bescheinigte Andrew eine gewisse Standhaftigkeit, denn oftmals genügte ein einziger Durchgang, nur in einem Fall hatte das Strychnin erst im fünften Anlauf seine endgültige Wirkung entfaltet.

Befriedigt steckte Belle das Geld, das Andrew so fürsorglich aus South Dakota mitgebracht hatte, in ihren Sparstrumpf und warf die Habseligkeiten ihres Opfers ins Herdfeuer, wo sie sich verformten, verbrannten, verglühten und dunkle Rauchschwaden in den Nachthimmel sandten. Nach einiger Zeit war es totenstill im Haus. Es war an der Zeit, sich an die Arbeit zu machen. Belle besaß noch das Sortiment an Messern, das ihr zweiter Mann zum Schlachten benutzt hatte, und auch sonstige Werkzeuge, um Haupt und Gliedmaßen des unglücklichen Andrew von seinem Rumpf zu trennen. In einen alten Müllsack, der nach verdorbenem Fleisch stank, verpackt, verscharrte sie ihr Opfer in ihrem ganz persönlichen Massengrab. Hier würde der

Heiratswillige all den anderen Freiern bis in alle Ewigkeit Gesellschaft leisten. Nach getaner Arbeit säuberte die Witwe gewissenhaft die Werkzeuge, ihr Gewand, vergaß auch die Fingernägel nicht und konnte endlich selbst schlafen gehen. An die drei Stunden blieben ihr noch bis zum Morgengrauen.

Alles wäre weiterhin seinen gewohnten Gang gegangen, wenn nicht Ray Lamphere gewesen wäre. Der Farmarbeiter, der Belle verehrte, ließ sich selbst von ihrem schroffen Wesen nicht abschrecken. Stets war er hinter ihr her, wenn nicht mit liebesschwangeren Bemerkungen, dann mit den Augen, und überall schnüffelte er herum! Obwohl sie ihn immer wieder abwies – was sollte sie mit so einem armen Schlucker anfangen –, führte er sich bald auf wie ein eifersüchtiger Gatte. Mehr als ein Mal ließ er durchblicken, dass ihm ihre Kontaktanzeigen schon lange ein Dorn im Auge waren. Als Arbeiter sollte er eigentlich wissen, wo sein Platz war, und dass Belle niemanden um sich wollte, der zu viel sah und über kurz oder lang auch zu viel wusste, hatte denkbar gute Gründe. So beschloss Belle, ihn zu beseitigen: Nach zwei Jahren entließ sie Ray fristlos und erzählte dem Sheriff, dass er gedroht habe, sie umzubringen. Als vom Schicksal schwer geprüfte Frau wäre sie jetzt auch ihres Lebens nicht mehr sicher.

Zwei Monate später suchte Belle abends eine Bar auf, was sie nur selten tat, aber ab und zu rekrutierte sie auf diese Weise ihre Arbeiter. Dort sprach sie eine Frau an, bald waren sich die beiden einig, und Belle nahm die Unbekannte noch am selben Abend mit auf die Farm. Warum auch zögern, wenn sie eine gute weibliche Hilfskraft gefunden hatte? Am nächsten Tag aber brannte das Farmhaus der Witwe lichterloh. Als das alles verzehrende Feuer seine Arbeit getan hatte, fand man im Schutt und in der Asche die Leichen dreier Kinder und die einer geköpften Frau. Ray Lamphere wurde sofort festgenommen, offenbar hatte er seine Drohung wahr gemacht und die Frau, die seine Liebe nicht erwidern konnte oder wollte, mitsamt ihren Kindern kaltblütig umgebracht. Der fehlende Kopf wurde nie gefunden. Bei näherer Betrachtung war das verkohlte Skelett eigentlich viel zu schmächtig, aber eine Zahnbrücke, die Belle getragen hatte und an der noch der Ankerzahn hing, zerstreute jeglichen Verdacht.

Die Ruine war bereits ausgekühlt, als die Ermittler eine Woche später dort, wo ehemals Belles Schweine gewühlt hatten, zehn männliche Leichen ausgruben. Auch Knochenfragmente holten sie aus der Erde, wem immer sie gehört haben mochten. Gerade zu dieser Zeit traf ein junger Norweger in La Porte ein, der auf der Suche nach seinem Bruder Andrew war. Jenem Andrew, der als reicher, hoffnungsvoller Freier die Reise zu Belle angetreten und statt eines weichen Ehebettes ein kaltes Grab gefunden hatte. Ray Lamphere beteuerte seine Unschuld standhaft, Belle habe den Brand selbst gelegt und ihn gebeten, sie danach zum Bahnhof nach Stillwell zu fahren, erzählte er. Obwohl die Anklage wegen Mordes aufgrund fehlender stichhaltiger Beweise schließlich fallengelassen werden musste, glaubte ihm niemand und seine Worte verhallten ungehört. In ihrem Testament, das Belle Gunness erst wenige Tage vor dem verheerenden Brand verfasst hatte, hinterließ die Witwe ihr Vermögen im Fall ihres Todes ihren Kindern, falls diese aber vor ihr sterben würden, einem Waisenhaus in Chicago.

Jahre später blickte Esther Carlson in Los Angeles durch die Gitter ihrer Gefängniszelle. Sie starrte ins Leere, vielleicht dachte sie aber auch an Belles Haus, das nach dem Mord oder Unglücksfall, oder wofür immer die Leute es hielten, zu einem Treffpunkt von Menschen mit zweifelhaften, morbiden Neigungen geworden war. Jedes noch so unscheinbare oder halb verkohlte Relikt hatte man ausgegraben, jedes noch so kleine Stück fand als Devotionalie reißenden Absatz. Esther wurde beschuldigt, den Norweger August Lindstrom vergiftet zu haben. Die Dosis, die sie ihm gegeben hatte, reichte für insgesamt vierzig erwachsene Männer. Was ziemlich genau der Anzahl jener Menschen entsprach, die Belle Gunness vorzeitig unter die Erde gebracht hatte. Was, so fragte sich Esther, ging das die Leute überhaupt an? Sollten sie sich doch um ihren eigenen Dreck scheren! Ein Mann mehr oder weniger auf dieser Welt, was machte das schon aus? Sie hatte viele gehabt, aber nur wenige von ihnen hatten auch sie gehabt.

Die Angeklagte hustete Blut in ihr Taschentuch und zerknüllte es dann wütend in der Faust. Sie zog ein Foto aus der Tasche, das sie seit Jahren bei sich trug. Drei Kinder waren darauf zu sehen, ihre Gesichtchen bereits verblassend. Sie sollte ihnen bald folgen, noch vor Prozessbeginn, die Krankheit hatte sie schon beinahe aufgezehrt. Dabei wäre es noch spannend geworden, Esther Carlson verzog das Gesicht zu einem schauerlichen Lächeln. Auch wenn sie kein wohlbeleibtes Frauenzimmer und etwas zu jung war, war ihre Ähnlichkeit mit der Witwe von La Porte beinahe unheimlich. Und dass die Kinder auf dem Foto den Kleinen, die vor Jahrzehnten den Tod in einem brennenden Haus gefunden hatten, täuschend ähnlich sahen, hätte den

Sheriff der kleinen Stadt längst auf den Plan rufen sollen. Aber die Wege waren weit und wie so oft fehlte das Geld. Und deshalb würde sie wohl das eine oder andere Geheimnis mit ins Grab nehmen. Die Mörderin stieß ihren letzten röchelnden Atemzug aus, dann lag sie für immer still. Als man sei fand, hielt ihre Leichenhand noch immer das Bild der drei Kinder, die niemals erwachsen werden durften, umklammert.

Brynhild Paulsdatter Størset wurde 1859 in Selbu, Norwegen, geboren. Mit 22 Jahren wanderte sie nach den Vereinigten Staaten aus und wohnte zunächst in Chicago. 1884 heiratete sie, die ihren Namen inzwischen auf Belle, auch Bella, geändert hatte, ihren Landsmann Mads Sorenson. Zwei Jahre danach eröffnete das Ehepaar eine Konditorei, die bereits 1897 niederbrannte. Da das Geschäft gut versichert war, konnte sich das Ehepaar ein Haus kaufen. Innerhalb der nächsten zwei Jahre starben ihre beiden Kinder, die Symptome weisen darauf hin, dass sie Opfer einer Vergiftung waren. Mads Sorenson starb im Jahr 1900, offenbar an Strychnin. Seine Frau zog nach seinem Tod mit den jüngsten Kindern nach La Porte, Indiana, und kaufte sich eine Farm. Bald heiratete sie Peter Gunness, der angeblich bei einem Unfall ums Leben kam. Ein im Haus lebendes Mädchen belastete die Witwe, verschwand aber in den nächsten Jahren spurlos von der Bildfläche. Da die Farm bewirtschaftet werden musste, stellte Belle immer wieder Landstreicher ein und gab außerdem Kontaktanzeigen auf, die heiratswillige, gut situierte Männer nach La Porte lockten. Seit 1906 arbeitete auch Ray Lamphere auf der Farm, der seine Arbeitgeberin verehrte. Er missbilligte Belles Treiben und wurde ihr schließlich so lästig, dass sie ihn wegen einer vermeintlichen Morddrohung anzeige. Zwei Monate nachdem sie Lamphere losgeworden war, brannte die Farm bis auf die Grundmauern ab. In der Asche fanden sich nicht nur die verkohlten Knochen von Belle Gunness' drei Kindern, sondern auch das geköpfte Skelett einer Frau, der Besitzerin, wie man vermutete, sowie die Überreste von zehn Männern. Der entlassene Vorarbeiter beteuerte, dass Belle Gunness ihre Farm selbst angezündet habe, er wurde schließlich freigesprochen. Ob die »Schwarze Witwe von La Porte« und Esther Carlson ein und dieselbe Person waren, wird noch heute diskutiert.

FRIEDERIKE UND MARIE ZELLER, DIE MÖRDERISCHEN SCHWESTERN

Österreich

Eines Tages, als die Nacht sich schon beinahe wieder in einen neuen Tag verwandelt hatte, machten sich die Schwestern auf den Weg. Es war bitterkalt, eine Menge Schnee war gefallen und knirschte bei jedem Schritt unter ihren Füßen. Weihnachten war bereits vorüber und auch das Fest der Heiligen Drei Könige. Der Hunger war wieder eingekehrt und mit jedem Tag unerträglicher geworden. Aber es gab Hoffnung, denn auf Josef wartete eine große Zukunft. Und so gab es auch Hoffnung für sie. Allerdings hieß es zunächst nach Russland zu gelangen, denn Träume werden meist erst wahr, wenn man mit beiden Beinen an Ort und Stelle steht …

Der Zug ratterte dahin, längst schon hatte er Wien verlassen und näherte sich Mürzzuschlag. Mit jeder Umdrehung der eisernen Räder wurde Friederike ratloser und wuchs der Hass in ihrem Herzen. Der Hass auf Marie, ihre Begleiterin, die von allem genug hatte, mehr als genug, denn ihre Eltern hatten ihr einen schönen Batzen Geld hinterlassen, sodass sie einfach in den Tag hineinleben konnte. Sie hingegen musste sich schinden, Tag für Tag. Bis vor Kurzem hatte Friederike noch als Zimmermädchen hinter all den reichen Leuten herräumen müssen, die es sich leisten konnten, in seidig weichen Betten zu schlafen und von feinem Porzellan zu speisen. Genauso wollte sie auch leben, so oder noch besser, immerhin war sie jung und hübsch und hatte ein Anrecht auf ein kleines Stück vom Glück! Wie gut, dass Josef, ihr Josef, Karriere machen würde! In den größten Opernhäusern würde er als Sänger auf der Bühne stehen, sein erstes Engagement in St. Petersburg hatte er schon in der Tasche. Nur der Fahrschein ins Glück fehlte noch und den galt es zu ergattern, so schnell wie möglich und um jeden Preis.

Auf ihre jüngere Schwester Marie, die verträumt die vorüberziehende Landschaft musterte, war stets Verlass gewesen, und so war sie auch heute an ihrer Seite. Immer tat sie gehorsam, was man ihr auftrug, das gehörte sich auch so, denn als ältere Schwester hatte Friederike Mutterstelle an ihr vertreten und sie mit in die große Stadt genommen, wo man schnell reich und glücklich werden konnte, zumindest erzählte man sich das dort, am Land, wo die beiden aufgewachsen waren. Und es musste wohl stimmen, auch sie hatten es geglaubt, denn nie war jemand aus Wien zurückgekehrt, außer ein Mal, als die Tochter der Nachbarin schwanger geworden war und Schande über ihre ganze Familie gebracht hatte. Die anderen aber hatten es alle geschafft, da waren sich die Dorfbewohner einig, und keiner und keine war klüger oder besser gewesen als die beiden Schwestern. Die Welt stand ihnen offen. Das hatten sie jedenfalls gedacht, aber bald zeigte sich, dass man hier wie dort hart für sein Brot arbeiten musste und dass die Oberen Zehntausend stets oben waren und man selbst tief unten.

Satt waren sie heute wenigstens, sie beide, nur ihre Begleiterin Marie hatte die guten gesalzenen Fische abgelehnt. Wie dumm von ihr und wie überaus unangenehm für Friederike, denn ohne Fisch bekam ihre Bekannte auch keinen Durst bei diesem Wetter und dann war der ganze Aufwand mit dem Wein umsonst gewesen! Selbst trinken konnten sie ihn auch nicht, denn er war mit Morphium versetzt. Es war nicht leicht gewesen, an dieses Gift heranzukommen. Aber ihre Schwester war nicht umsonst jung und hübsch, sie hatte dem Mediziner gleich ins Auge gestochen. Geblendet wie er war, hatte er nicht lange gefackelt und sie mit zu sich nach Hause genommen. Sie hatte es genossen, zur Abwechslung bei einem jungen Mann liegen zu dürfen, und als Gegenleistung für ihre Dienste eben jene Flasche Morphium bekommen, die Marie den Rest hätte geben sollen. Jetzt konnte man den guten Wein nur noch wegwerfen, er war verdorben. Aber es gab noch andere Mittel und Wege …

Und so verließen die Schwestern am Abend den Zug und machten sich mit ihrer Begleiterin auf in Richtung Raxengraben. In der Obersteiermark kannten sich die beiden gut aus, sie waren aus Neuberg bei Mürzzuschlag gebürtig. Arm in Arm schritten sie zu dritt dahin, es dämmerte bereits und der Schnee lag hoch. Am nächsten Morgen sollten es nur noch zwei Frauen sein, die aus dem Graben zurückkamen.

Wenige Kilometer vom Raxengraben entfernt stand ein kleines Gasthaus mitten im Wald. Wer gerne Märchen liest, hätte sich nicht gewundert, wenn eine Hexe darin gehaust hätte, so unwirklich schien es mitten unter dem Dach der knorrigen, alten Bäume. Im Gastraum selbst gab es einen großen Ofen, aber darin wurde nur Schweinebraten geschmort und sobald man die Tür öffnete, war die Luft voll brutzelndem Fett und Kümmel. Die beiden Wirtsleute, ein Ehepaar mittleren Alters, luden die jungen Frauen dazu ein, zu rasten, es sich gut gehen zu lassen und die Nacht in der kleinen Kammer gleich unter dem Dach zu verbringen. Genauso machten es die drei und sie hatten Glück oder Pech, je nachdem wie man es nimmt, denn die Unterkunft war frei, weil um diese Jahreszeit und bei diesem ungastlichen Wetter nur wenige Menschen unterwegs waren.

Die lange Anfahrt schien Marie nun doch hungrig gemacht zu haben, sie bestellte eine große Portion vom Fleisch, dazu Erdäpfel und Sauerkraut, und sie ließ auch den beiden Schwestern randvoll gefüllte Teller auftischen. Dazu gab es frisch gezapftes Bier aus dem Fass und reines, kühles Quellwasser. Eine zweite Weihnacht sozusagen, mitten im Wald, eine unheilige allerdings, aber das wusste Marie noch nicht, die ihre angeblichen Freundinnen so großzügig bewirtete. Außer ihnen waren noch vier Jäger im Raum, die über ihren Krügen saßen und immer wieder zu den jungen Frauen hinübersahen, sie aber nicht ansprachen. Sie merkten wohl die Kluft zwischen sich und den Fräuleins aus der Stadt und wollten sich keinen Korb einhandeln. Das hielt sie aber nicht davon ab, ihren Anblick zu genießen, und Friederike wurde etwas mulmig zumute, denn männliche Begleitung war das Letzte, was sie morgen brauchen würden. So sandte sie giftige Blicke zu den Jägern hinüber und war froh, als diese nach einem kurzen Gruß an die Wirtsleute und einem Nicken in ihre Richtung die Tür öffneten und in die Kälte hinaustraten. Durch das kleine Stubenfenster konnte sie ihre Silhouetten noch kurz ausmachen, dann hatte die Finsternis sie verschlungen.

Rasch wurden die Wangen der drei jungen Frauen rot und in ihren Körpern breitete sich wohliges Behagen aus.

Daran hatte die Wärme ihren Anteil, das herzhafte Essen nicht minder, vor allem aber das Bier. Marie ließ sogar noch einen weiteren Krug für jede von ihnen auftragen. Friederike bereute bereits, dass sie nicht zumindest einen Teil des Morphiums aufbewahrt hatte, verwarf diesen Gedanken aber schnell wieder, denn wie hätten sie Maries betäubten Körper unbemerkt aus dem Haus tragen sollen? Es blieb also nichts übrig als zu warten, das was man hatte zu genießen und am nächsten Tag zur Tat zu schreiten. »Der Morgen ist klüger als der Abend«, so hatte ihre Großmutter immer gesagt, die mit ihren klauenartigen Händen tagaus und tagein hinter dem Ofen gehockt hatte. Früher waren Friederike all diese Sprüche dumm und altbacken vorgekommen, aber mit jedem Jahr schienen sie ihr einleuchtender. Außerdem half es ohnehin nichts und in der Nacht hatte sie noch genügend Zeit, sich einen neuen Plan zurechtzulegen.

So stiegen sie denn nach gut zwei Stunden in das oberste Stockwerk hinauf und krochen unter die alten, aber warmen Decken. Marie sprach laut das Abendgebet und die beiden Schwestern falteten brav ihre Hände. Dann löschte die Nacht alle Gedanken. Am nächsten Morgen hatte es aufgehört zu schneien, glitzernd war der Schnee auf den Ästen der Nadelbäume festgefroren und man konnte förmlich hören, wie er unter den festen Tritten der drei knirschen würde. Marie wollte wissen, wann sie denn nun, wie versprochen, den Verlobten der jüngeren Schwester treffen würden, sie hatte ihn am Vorabend unter den Jägern vermutet, was Friederikes Schwester zu einem Kichern veranlasst hatte, das die Männer anzog wie süßer Honig. Gut, dass sie, die Ältere, so viel Galle in ihren Blick legen konnte und jede Hoffnung auf ein bisschen Schäkern in ihren

Herzen sofort wieder erstickt hatte. Nun, so sagte Friederike, heute wäre der Tag, sie müssten nur noch ein Stück tiefer hinein in den Wald, dort liege die Hütte des Köhlers und dort arbeite der Verlobte ihrer Schwester. Aber wenn sie ihm zu dritt gut zureden würden, dann würde er diese schwere Arbeit an den Nagel hängen und sicher auch bald nach Wien kommen. Dann wären sie alle wieder vereint.

Nach einem aus Brot, Butter und warmer Milch bestehenden Frühstück bezahlte Marie für alle drei, wofür sie ihre wohlgefüllte, bestickte Geldbörse hervorzog. Nach einem kurzen Abschied und dem Versprechen, bald wieder vorbeizukommen – besonders im Sommer sei es hier im Wald schön und auch viel mehr los, weil die Ausflügler aus Mürzzuschlag dann heraufkämen, meinten die Wirtsleute –, brachen sie endlich auf. Friederike wurde schon unruhig, denn je später sie losgingen, umso eher konnten sie jemanden im Wald treffen, und das wollte sie um jeden Preis vermeiden. So trieb sie denn die beiden anderen an. Atemlos erkletterten sie eine kleine Böschung. Friederikes jüngere Schwester war kaum heraufgekeucht, da gab ihr die Ältere schon ein Zeichen und gemeinsam warfen sie Marie zu Boden. Diese dachte zunächst, es handle sich um einen Scherz, und lachte, aber als Friederike ihr eine Schlinge, die sie in der Kammer des Gasthauses gefunden hatte, über den Kopf warf und um ihren Hals festzog, erkannte sie schnell, dass ihre Lage ernst war, bitterernst.

Mit all ihrer Kraft wehrte sich Marie und da sie im Gegensatz zu den beiden anderen gut genährt war, hätte sie sich beinahe befreien können, aber schon wurde ihr die Luft knapp, das Gesicht verfärbte sich, spiegelte vom Rötlichen ins Bläuliche, und die Augen traten ihr aus den Höhlen. Dann herrschte Stille. Schweißgebadet ließ sich Friederike auf den Knien in den Schnee sinken, ihre Schwester zitterte vor Angst. Es hatte sein müssen, um ihrer aller Glück willen, beruhigte Friederike sie, das würde sie doch einsehen? Mit dem Geld könnten sie endlich nach Russland und dort würden sie ihr Glück machen. Sie käme natürlich mit dahin, aber sie müsse verschwiegen sein, das hatten sie doch vereinbart. Die Jüngere nickte und trat einen kleinen Schritt näher. In diesem Moment gab Marie einen tiefen Seufzer von sich und erschrocken blickten sich die beiden Schwestern an. Tatsächlich, Marie regte sich und ihre Hand tastete mit fahrigen Bewegungen nach der Schlinge um ihren Hals! Rasch zog Friederike ein Messer hervor und schnitt ihr mit einer einzigen Bewegung die Kehle durch. Von links nach rechts, genau so, wie es die Bauern mit den Schweinen machten, wenn diese fett genug waren, um geschlachtet zu werden.

Schließlich war Marie endgültig tot. Sie hing offenbar am Leben, so zäh wie sie gewesen war! Nun hieß es rasch handeln. Friederike bedeutete ihrer Schwester, die Beine der Toten anzuheben, und gemeinsam schleiften sie diese zu einer nahe gelegenen Mulde. Während die jüngere Schwester das Blut verscharren musste, damit der Hohlweg so unschuldig aussah wie zuvor, durchwühlte Friederike Maries Taschen. Sie fand die Börse, den Wohnungsschlüssel sowie ein besticktes Taschentuch mit Monogramm und steckte alles ein. Dann häufte sie auf den Leichnam, was in ihrer Reichweite lag, von kleinen Ästen angefangen bis zu Schnee. Sie war froh, die aus den Höhlen getretenen Augen und das verzerrte Gesicht nicht mehr sehen zu müssen. Schnell schlug sie ein Kreuzzeichen und Gott sei Dank begann es gerade sanft zu schneien, das machte nicht nur sie unsichtbar, sondern bald auch die Stelle, an der sie die Tote versteckt hatten. Die Schneeschmelze würde sie zwar wieder ans Tageslicht bringen, aber bis dahin war viel Zeit vergangen, man hatte sie vergessen und außerdem waren sie dann schon weit weg im Reich des russischen Zaren. Wer sollte ihnen da noch etwas anhaben? Energisch klopfte Friederike den Schnee von ihrem Rock, fasste ihre Schwester am Arm und gemeinsam machten sie sich auf den Rückweg. In Mürzzuschlag bestiegen sie den Zug und jede Umdrehung der Räder brachte sie näher in die Hauptstadt und weiter weg vom Ort ihres Verbrechens.

Es war viel Schnee gefallen, der kleine Max ließ seinen Schneeschuhen freien Lauf. Es war gegen drei Uhr nachmittags und das Verbrechen erst am Vortag verübt worden. In seinen Gedanken verfolgten Räuber den Jungen, aber er, tapfer und tollkühn, drehte ihnen eine lange Nase und war bereit, die Flucht zu ergreifen. Aber halt, was war das? Über sich, gleich linker Hand, sah er eine kaum wahrnehmbare Schleifspur und fragte sich sofort, ob da nicht jemand etwas versteckt habe? Neugierig stapfte der Bub die Böschung hinauf, beim zweiten Versuch schaffte er es dann auch und kniete nieder. Er entdeckte weder einen Rehbock, den ein Wilderer geschossen hatte, noch haufenweise Gold, sondern die Leiche einer Frau. Max rutschte die Böschung hinab und lief, so schnell es der Schnee und seine Schneeschuhe erlaubten, zu seinem Vater, der, Gott sei's gedankt, nicht allzu weit entfernt im Wald arbeitete. Marie, zunächst noch eine unbekannte Tote, wurde bald identifiziert, denn eine ehemalige Vermieterin las von den in der Tageszeitung aufgelisteten Habseligkeiten der Frau und meldete sich bei der Polizei. Und dann begannen die Mühlen des Gesetzes zu mahlen.

Die Schwestern waren inzwischen wohlbehalten in der Reichshauptstadt angekommen und hatten sich alsbald auf den Weg zur Wohnung ihres Opfers gemacht. Da gab es Gewand und etwas Schmuck, vor allem aber hatten sie es auf Maries Sparkassendepot abgesehen. Diese hatte unvorsichtigerweise erzählt, dass sich darauf über 8.000 Kronen befanden, ein schier unfassbares Vermögen für die beiden Schwestern und natürlich auch für Josef. Das Gewand konnte ihnen ohnehin gestohlen bleiben, sie wollten mit möglichst leichtem Gepäck nach St. Petersburg reisen. Geld war das Einzige, was sich mitzunehmen lohnte, und Schmuck natürlich, aber davon fanden sie weit weniger als erwartet. Friederike war eine teuflisch kluge Frau, sie meldete Marie an einem neuen Wohnsitz an, so als wäre diese einfach umgezogen und daher nicht mehr in ihren angestammten Lokalen unterwegs. Aber ein großer Fehler war ihr trotzdem unterlaufen: Sie hatte Marie nicht das Losungswort abgepresst, und wäre es in deren letzter Sekunde gewesen! Wiederholt versuchten sie und ihre Schwester mit Charme, mit Raten, mit fingierten Ohnmachten die Angestellten der Bank zur Herausgabe des Vermögens zu bewegen, aber es gelang ihnen nicht.

Wieder war Weihnachten vorüber und wieder war das Essen kärglich und immer wenn der Mord sich jährte, und das würde sehr bald wieder der Fall sein, saß Friederike in Dunkelhaft und musste fasten. Eigentlich hatte der Strang auf sie gewartet und nach all den enttäuschten Hoffnungen wäre ihr das vielleicht gar nicht unrecht gewesen, aber letztlich hing sie doch an ihrem Leben und war froh, statt sterben zu müssen, zwanzig Jahre ausgefasst zu haben. Wenn sie herauskäme, wäre sie 46 Jahre, eine alte Frau zwar, aber immer noch lebendig im Gegensatz zu Marie, die gerade einmal 27 geworden war. Und wenn sie wieder frei wäre, dann würde sie ihre Schwester suchen, die nur 18 Monate aufgebrummt bekommen hatte, und dann würden sie sich rächen. An der Vermieterin, die ihnen die Polizei auf den Hals gehetzt, am Mediziner, der die jüngere Schwester mit zerstoßenem Zucker statt Morphium für ihre Liebesdienste bezahlt, und an Josef, der sie belogen und sicher auch betrogen hatte! Leiden sollte er, der Schuft, so leicht würde er nicht davonkommen wie Marie! Es hatte nie ein Engagement in St. Petersburg gegeben, das hatte er selbst vor Gericht ausgesagt! Alles Schwindel, Lug und Trug, er hatte sich von ihr aushalten lassen, weil sie gutgläubig war und ihn gernhatte! Inzwischen lag er bestimmt schon einer anderen auf der Tasche und mit ihr im Bett, aber der würde sich anschauen, wenn sie wieder in Freiheit wäre! Friederike lächelte grimmig. Sie war eine starke Frau und sie konnte warten. Und die Rache wartete mit ihr.

Diese Geschichte basiert auf einer wahren Begebenheit aus dem Jahr 1906, wiedergegeben von Christian Bachhiesl in dem 2013 erschienenen Buch »Räuber, Mörder, Sittenstrolche« (Leykam). Sie wurde in literarisch bearbeiteter Form erstmals im Jahr 2018 in der Anthologie »Wovon zu schreiben ist. Autorinnen öffnen ihre Schreibräume« (edition keiper) veröffentlicht. Die Geschwister Zeller lebten wie viele Dienstmädchen zur Zeit der Monarchie in Wien und hofften, dort reich und glücklich zu werden. Die 1879

in Alpl bei Neuberg an der Mürz geborene Friederike und ihr Gefährte Josef »Peppo« Prohaska lockten anderen das Geld aus der Tasche, trotzdem glaubte Friederike, dass Josef vermögend wäre und über gute Kontakte nach St. Petersburg verfüge. Ihre 1888 geborene Schwester Marie kam als junges Mädchen nach Wien und lebte von Männerbekanntschaften. Marie Maier, geboren 1878, auch als »Fünftausend-Gulden-Köchin« bekannt, wohnte meist als Bettgeherin in fremden Wohnungen und behauptete, von den Zinsen ihres Erbes leben zu können. Als die beiden Schwestern mit ihrer Bekannten ins Mürztal fuhren, wollte diese wiederholt umkehren. Sie übernachteten zu dritt im Wirtshaus Eder in Sto-
jen, am folgenden Tag geschah dann der Mord. Die Polizei tappte lange im Dunkeln, weil sich die Schwestern unter den Namen Berta und Rosina Schweiger ins Gästebuch eingetragen hatten, erst ein Aufruf in der Zeitung brachte Licht ins Dunkel. Frie-
derike hatte sich inzwischen durch ein gefälschtes Schreiben die Habseligkeiten der Ermordeten angeeignet. Am 5. Jänner 1906 war der Leichnam von einem Zehnjährigen aus Raxen in einem Hohlweg gefunden worden, am 4. Februar klickten für Friederike und Marie Zeller die Handschellen. Die ältere Schwester versuch-
te die Tat zu verschleiern. Selbst nach ihrer Verurteilung gab sie einen angeblichen Täter an. Sie wurde zunächst zum Tod durch den Strang verurteilt, dann aber von Kaiser Franz Joseph begna-
digt. Das Urteil wurde in zwanzig Jahre schweren Kerker umge-
wandelt, ihre Schwester erhielt 18 Monate. Friederikes Geliebter Prohaska wurde zwar freigesprochen, aber sogleich wegen etlicher anderer Delikte verhaftet.

GIULIA TOFANA, DIE GIFTMISCHERIN, UND IHRE MÖRDERISCHEN ERBINNEN

Italien

Pater Girolamo strich sich mit der rechten Hand über seinen schütter werdenden Haarkranz. Schweißperlen bildeten sich auf seiner Stirn und er bemühte sich vergeblich, sich abermals auf das Manuskript, das vor ihm lag, zu konzentrieren. Sein Priesterkragen schien mit einem Mal enger geworden zu sein und er versuchte, ihn mit dem Zeigefinger zu weiten. Vor ihm stand ein junger Römer, der mit seinen edlen Gesichtszügen Besseres zu tun haben sollte, denn als Bote der Unterwelt zu fungieren. Natürlich war er kein Abgesandter Beelzebubs persönlich, aber doch von einer der gefährlichsten Giftmischerinnen von Rom. Was er ihm gerade mitgeteilt hatte, war alles andere als erbaulich: Das Manna des Heiligen Nikolaus, ein in einem hübschen, mit dem Heiligen selbst verzierten Fläschchen enthaltenes Gift, war offenbar in falsche Hände geraten – und nun machte man Jagd auf sie alle.

Der junge Mann lächelte süffisant, etwas, das er sicher nicht gewagt hätte, wenn der Pater nicht dermaßen die Fassung verloren hätte. Das durfte Girolamo keineswegs zulassen und so richtete er sich zu seiner vollen, hageren Größe auf und funkelte den anderen von oben herab an. Plötzlich wirkte er furchteinflößend, so wie in den Schwarzen Messen, die er gegen einen saftigen Obolus heimlich zelebrierte, und der andere wich zurück. Der Pater gab dem jungen Mann mit einer Handbewegung zu verstehen, dass er nicht mehr gebraucht werde, und als sich die Tür hinter dem Boten schloss, sank er erleichtert auf seinen Stuhl zurück. Er musste nachdenken, damit ihm jetzt kein Fehler unterlief. Es würde nicht lange dauern und irgendjemand würde seinen Namen nennen und dann Gnade ihm Gott! Wenn Papst Alexander VII. ihn erst einmal im Visier hatte, konnte ihn niemand mehr retten.

Angeblich, so hatte der Bote gesagt, hätte jemand im Beichtstuhl verraten, was es mit dem heiligen Wasser auf sich habe. Dass es nicht direkt aus den Knochen des Heiligen Nikolaus tropfe, der in der Basilika San Nicola ruhte, und der Schönheit dienlich war, sondern dass es ganz im Gegenteil diese für immer zerstörte. Wobei, Pater Girolamo konnte sich eines Kicherns nicht erwehren, schön war wohl kaum jemand, der die Lösung Aqua Tofana verabreicht bekam. Meist flößte man es alten Männern ein, deren Gattinnen sich sehnlichst einen Jüngeren im Bett wünschten. Was man ihnen eigentlich nicht verdenken konnte, immerhin war der Altersunterschied zwischen Ehegatten oft erstaunlich und so ein vertrocknetes Gerippe brachte wohl keiner Frau mehr Genuss. Der Pater lächelte und war zugegebenermaßen ein wenig stolz über seine Kenntnis der weltlichen Dinge. Viele Ehemänner waren, das durfte man ebenfalls nicht vergessen, zudem alles andere als nett zu ihren Frauen. Das sah man den Damen zwar meist nicht im Gesicht an, denn man musste sich ja in der guten Gesellschaft zeigen können, aber gewisse allzu vorsichtige Bewegungen oder Entgleisungen der Mimik machten nur zu deutlich, dass ihr Herr und Gebieter sich wieder einmal an seinem Hab und Gut vergriffen hatte.

Pater Girolamo hatte kein Mitleid mit den Männern. Und, wenn er ehrlich sein sollte, auch nicht mit den Frauen. Für ihn zählte zweierlei: Geld und Ruhm, oder vielmehr Ruhm und Geld. Beides hatte er in der magischen Unterwelt der Ewigen Stadt zur Genüge erhalten. Und so hätte es nach seinem Dafürhalten für alle Zeit bleiben können. Was sich da herumtrieb, ahnte niemand, der nicht zum erlauchten Kreis jener gut zweihundert Personen zählte, die die mehr oder minder abstoßenden Sehnsüchte der Menschen bedienten. Alchemisten gab es da und Astrologen, weise Frauen und Hexen, Apotheker und Giftmischerinnen und natürlich Wahrsager. Für jedes Wehwechen wurde etwas geboten, und wenn jemand einen Mord in Auftrag geben wollte, fanden sich ebenfalls willige Helfer. Kaum jemand war sich zu schade, die eine oder andere Dienstleistung in Anspruch zu nehmen. Aus allen Schichten der Bevölkerung kamen sie, und wenn sich eine Dame einmal ein Horoskop hatte erstellen lassen, dann brauchte sie vielleicht später einen Liebestrank, und wenn es mit der Liebe irgendwann einmal nicht mehr so weit her war, dann kam das Manna zum Zug.

Giulia Tofana, die der Geistliche recht gut gekannt hatte, weil sie die Frauen anführte, die das Manna vertrieben, hatte nicht einmal ihm verraten, woraus es genau bestand. Dass es Arsen enthalten musste, war ihm klar, aber irgendwie musste es ihrer Vorgängerin gelungen sein, den allzu verdächtigen, bitteren Geschmack herauszufiltern. Teofania di Adamo war das gewesen, sie und ihre Komplizin Francesca la Sarda waren grausam für ihre Erfindung und deren Verbreitung bestraft worden. Wobei Pater Girolamo nicht so recht wusste, welcher Todesversion der Teofania er eher Glauben schenken sollte. Es war schon verhext, dass die Leute so selten der Wahrheit die Ehre gaben und jeder etwas dazu erfand oder wegließ, bis man nicht mehr wusste, was wirklich geschehen war! So hatte Girolamo gehört, dass Teofania als Giftmischerin gehängt, gestreckt und gevierteilt worden wäre, andererseits sollte sie, eingenäht in einen Leinensack, von den Dächern des Bischofspalastes auf die Straße geworfen worden sein. Der Pater schüttelte sich vor Graus, das musste eine recht unappetitliche Sache gewesen sein, als der Sack mit einem dumpfen Aufprall zerplatzte und Blut und Hirn in alle Richtungen spritzten.

Schnell hatte sich Girolamo wieder in der Gewalt. Die Angst vor Entdeckung musste ihn weich gemacht haben, denn sonst verfolgte er Folter und Hinrichtungen nur mit gelindem Interesse. Wie auch immer, tot war Teofania allemal. Ihre Leute mussten damals schnellstens aus Sizilien verschwinden, das Pflaster dort war entschieden zu heiß geworden. Und so kamen sie alle nach Rom. Dass Giulia Tofana die Tochter der Teofania gewesen wäre, wie man munkelte, schien dem Pater doch eher ein Gerücht zu sein. Ein Alchemist, dem er einmal einen Gefallen getan hatte, verriet ihm schließlich, dass neben Arsen auch Antimon und Blei im Aqua Tofana enthalten wären und vielleicht noch eine vierte Zutat, die der Alte allerdings nicht kennen wollte. Dass Krötenkraut, Löwenmäulchen, Pfennigkraut, Spanische Fliege und möglicherweise der Speichel von Verrückten beigemischt wären, hatte er nicht geglaubt. Ganz zufrieden war der Geistliche mit dieser Auskunft nicht gewesen, ein weiteres Mal würde er den Alchemisten wohl kaum retten, aber immerhin hatte er doch so einiges in Erfahrung bringen können.

Der Pater seufzte, er hatte sich durch seine Gutherzigkeit zu sehr in die Sache hineinziehen lassen. Er konnte sich gar nicht mehr so recht daran erinnern, wie alles angefangen hatte. Zunächst hatte er in der Kirche Sant'Agnese in Agone, die mitten in Rom stand, seinen Dienst an Gott und den Menschen versehen und das gar nicht schlecht, wie er selbst zugeben musste. Aber dann kam Papst Innozenz X. auf den Gedanken, die schöne Kirche abreißen und neu erbauen zu lassen. Immerhin lag sie neben seinem Geburtshaus, das genaugenommen ein Palast war. Der Heilige Vater wollte die Kirche, so hörte man munkeln, dem erweiterten Palast einverleiben und zu seinem persönlichen Mausoleum machen. Immer wieder war es zu Differenzen zwischen dem Bauherrn und Innozenz gekommen, obwohl oder gerade weil die beiden Neffe und Onkel waren. Pater Girolamo konnte sich eines abschätzigen Lächelns nicht erwehren, wenn er daran dachte, dass die Arbeiter sogar an Sonn- und Feiertagen dazu gezwungen wurden, das Bauwerk zu vollenden. Die Sbirren des Papstes trieben sie auf die Gerüste und wehe, wenn jemand nicht folgen wollte! Offenbar hatte der Heilige Vater einen Pakt mit Gott geschlossen. Nichts war ihm heilig, auch nicht der Tag des Herrn, wenn es Innozenz X. um die Fertigstellung seines Grabmals ging. Welche Ironie des Schicksals, dass der Papst diese selbst nicht mehr erleben durfte und im Petersdom seine ewige Ruhe fand.

Für die Geistlichen, die nichts als ihrer heiligen Pflicht nachkommen wollten, waren diese Jahre äußerst mühsam gewesen. Sang- und klanglos mussten sie die angestammte Stätte ihres Wirkens verlassen und nach San Lorenzo in Lucina umsiedeln. Nur fünf Tage bekamen sie dafür Zeit.

Das war 1650 gewesen, inzwischen schrieb man bereits das Jahr 1658 und der Umbau war noch immer nicht vollendet. Pater Girolamo hatte das Vorgehen des Papstes verurteilt, natürlich nicht öffentlich, aber er hatte für sich beschlossen, ebenfalls ein wenig auf Abwegen zu wandeln. Es begann mit kleineren Handreichungen und irgendwann zelebrierte er dann seine erste Schwarze Messe. Was zugegebenermaßen aufregend war. Es war erstaunlich, wie die versammelten Menschen ihm folgten, ihn als Vertreter eines anderen, den sie eigentlich fürchten sollten, anbeteten. Ihn überkam jedes Mal ein wohliger Schauer, wenn ihm der nackte Körper einer schönen jungen Frau als Altar diente – ein würdiger Auftakt zu der einen oder anderen Orgie, woran er allerdings nicht teilzunehmen pflegte. Daneben segnete er mit der Macht seiner teuflischen Rituale Liebestränke und anderes Gebräu, das wohl nur dann wirkte, wenn man fest daran glaubte. Aber der Pater wusste nur zu genau, dass es der Glaube war, der Berge versetzte.

Es war nur eine Frage der Zeit gewesen, bis Giulia ihn aufgespürt hatte. Es war ja kein Geheimnis, dass sein Bruder Apotheker war und als solcher leicht Arsen beschaffen konnte. Der Pater dachte an die beeindruckende Erscheinung der Tofana zurück, an die Entschiedenheit ihrer Worte und Gesten. Sie war tatsächlich eine besondere Frau gewesen, und als Vermittler für sie zu arbeiten, gereichte ihm zur Ehre. Und sie hatte auch ein vornehmes Gebaren, was sie ebenso wie ihr Stand als respektable Witwe eines florentinischen Herrn dazu befähigte, sich in aristokratischen Kreisen zu bewegen und dort ihre Kundschaft zu finden. Ihre Mitstreiterin um die Freiheit der Frau, so bezeichnete sie ihr Handwerk gerne und so unrecht hatte sie wohl nicht, war aus anderem Holz geschnitzt. Sie war gebürtige Römerin, hieß Giovanna de Grandis und war in den unteren Schichten umtriebig; die beiden ergänzten sich wirklich prächtig. An Giulia war wahrhaftig ein Feldherr verloren gegangen, aber Frauen sollten sich nun einmal nicht über den ihnen von Gott zugewiesenen Stand erheben.

Aus rein wissenschaftlichem Interesse hatte der Pater die Tofana einmal gebeten, ihm die Wirksamkeit des Giftes zu erläutern. Sie hatte mit ihrem Wissen nicht gegeizt und ihn zum Sterbebett des ohnehin seit Langem kränklichen Herzogs von Ceri gesandt. Dessen um vieles jüngere Gattin hatte den ihr Angetrauten mit Aqua Tofana vergiftet und, wie bei den bisherigen Fällen, hatte niemand Verdacht geschöpft. Der Pater war beeindruckt, wie natürlich der Verfall des Adeligen vor sich ging. Er erbrach sich, wie bei anderen Giften üblich, aber keineswegs so schlimm, sein Hals und Magen brannten und er verlangte immer wieder nach Wasser. In kleinen Dosen verabreicht, es genügten wenige Tropfen, erledigte Aqua Tofana das Opfer unweigerlich. Hinzugezogene Ärzte schöpften keinerlei Verdacht und selbst wenn es zu einer Obduktion kam, so erfuhr er, war das Manna nicht nachweisbar. Dass auch Ceris Darm mit dem Gift kämpfte, hatte Pater Girolamo gerochen, aber der Anblick und die Gegenwart von Sterbenden waren ihm natürlich nicht fremd. Er hatte seine Zeit am Bett des Herzogs abgesessen und dann im Wissen, dass das Manna des Heiligen Nikolaus tatsächlich ein besonders heimtückisches Gift sein musste, den Palazzo verlassen.

Aber all diese Gedanken brachten ihn nicht weiter, jetzt galt es, die eigene Haut zu retten, aber wie sollte er das am besten anstellen? Wie konnte er agieren, ohne Verdacht zu erwecken? Genau in diesem Moment flog ein gut gezielter Stein durch das Fenster, das er offen gelassen hatte. Um diesen war ein Zettel gewickelt. Schnell erhob sich der Pater, nahm das Geschoß vom Boden auf und entfaltete das Blatt. Was er las, erfüllte ihn mit Entsetzen: Giovanna de Grandis war verhaftet worden! Es war nur eine Frage der Zeit, bis auch Girolama Spara den Schergen in die Hände fiel. Sie war zunächst die rechte Hand von Giulia gewesen – viele hielten sie für deren leibliche Tochter – und hatte bereits vor einigen Jahren die Führung der Gruppe übernommen. Zumindest die Tofana war in Sicherheit, sie war vor acht Jahren friedlich entschlafen, erhaben über jeden Verdacht und wohl angesehen bis zu ihrem Tod. So viel Glück würde ihre Nachfolgerin wohl kaum haben und die Grandis ebenso wenig. Dem Pater brach abermals der kalte Schweiß aus. Was hatte er sich nur dabei gedacht, sich so tief hinabziehen zu lassen in den Sündenpfuhl unter der Stadt! Andererseits hatte es ihm, wenn er ehrlich war, eine gewisse Befriedigung verschafft, die ihm in seinen alltäglichen Geschäften verwehrt geblieben war. Mehr Macht als in der magischen Unterwelt hatte er nie besessen.

Doch was war alle Macht gegen das Leben? Dieses galt es nun zu erhalten und deshalb durfte er sich nicht von seiner Angst um seinen sonst so klaren Verstand bringen lassen. Pater Girolamo schritt im Zimmer auf und ab, er hielt sich dabei aber möglichst vom Fenster fern, denn es konnte jederzeit eine weitere Botschaft hereinfliegen, auch wenn er das nicht wirklich glaubte. Der Bote hatte sicherlich schon das Weite gesucht, und da er keinen Tumult auf der Straße unten gehört hatte, war er offenbar unbehelligt davongekommen. Für den Pater wurde die Zeit lang. Das Warten zehrte an seinen Nerven, jedes Geräusch ließ ihn zusammenzucken und ständig rechnete er damit, dass die Schergen des Papstes den Raum stürmten, ihn fortschleppten und in ein finsteres Verließ warfen.

Er wartete Stunden auf seine Verhaftung. Es vergingen Tage, Wochen, schließlich Monate, aber nichts geschah. Allerdings hörte man so allerlei, so wurde Spara und de Grandis der Prozeß gemacht, sechs Komplizen und mehr als vierzig Kunden fanden sich ebenfalls vor dem Richter wieder. Als der Pater Letzteres hörte, erwachte in ihm ein kleiner Funken Hoffnung, dass man ihn übersehen haben könnte.

Unzählige Morde wurden ruchbar, nicht wenige davon bewiesen. Es wurden hohe Haftstrafen verhängt, die meisten lebenslänglich, aber Pater Girolamo versuchte, sein Interesse an dem Fall möglichst hintanzuhalten. Er lauschte, ohne selbst Fragen zu stellen, und so erfuhr er mancherlei. Auf Giovanna de Grandis und Girolama Spara wartete der Tod durch den Strang. Seltsamerweise war kein aristokratischer Name an die Öffentlichkeit gedrungen. Zunächst vermutete der Pater, dass die Betreffenden – und davon gab es seines Wissens mehr als genug – im Geheimen abgeurteilt würden. Aber wenn er einer der Damen oder einem der Herren zufällig begegnete, warf ihm kaum jemand einen fragenden oder gar ängstlichen Blick zu. Es schien, als wären alle frei von jeglicher Schuld, obwohl der Pater sehr genau wusste, für wen er Schwarze Messen gelesen hatte, wer sich Mörder gedungen oder das Manna des Heiligen Nikolaus erstanden hatte. Doch hohe Geburt schützte offenbar vor Strafe, nicht einmal die Herzogin Ceri war verurteilt worden. Sie sollte sich nur wieder alsbald verehelichen. Dass niemand von den Angeklagten sie angeschwärzt hatte, konnte Girolamo sich nicht vorstellen, im Angesicht langjähriger Haftstrafen oder gar des Todes bezichtigten viele sogar ihre engsten Freunde und Verwandten. Irgendjemand, möglicherweise Papst Alexander selbst, hielt seine schützende Hand über gewisse Personen. Er konnte nur hoffen, dass es sich für Geistliche wie ihn genauso verhielt.

Der Prozess nahm seinen Fortgang, und dann wurde der Termin für die Hinrichtungen bekannt. Mitten im Sommer 1659 drängten sich die Massen am Campo de' Fiori, um der Exekution der beiden Rädelsführerinnen und eines ihrer Hauptkunden beizuwohnen. Es war ein Volksfest und viele waren sichtlich erleichtert, dass man nun wieder in Ruhe schmausen und trinken konnte, ohne befürchten zu müssen, vergiftet zu werden. Pater Girolamo, der sich unter die Schaulustigen mischte, etwas abseits von seinen Mitbrüdern, die er wie unbeabsichtigt im Gedränge verloren hatte, schüttelte unmerklich den Kopf. Wenn die beiden Anführerinnen Giovanna und Girolama nicht mehr waren, würden andere nachkommen. Der Handel mit Aqua Tofana war viel zu lukrativ, um ihn aufzugeben. Er selbst würde aber die Finger von der magischen Unterwelt lassen, er hatte in letzter Zeit viel zu viele Ängste ausgestanden. Der Pater kam der Richtstätte immer näher, wer sein Gewand sah, machte ihm bereitwillig Platz, und so stand er plötzlich, ohne es zu wollen, in der vordersten Reihe. Eine Umkehr war unmöglich, denn die Delinquenten wurden gerade herangekarrt und die Menschen hinter ihm drängten nach vorne und schoben ihn noch weiter in Richtung der Galgen.

Eine unangenehme Situation, was wäre, wenn ihn eine der Frauen erkennen und vor der versammelten Menschenmenge anklagen würde? Der Pater wischte sich mit dem Ärmel den Schweiß von der Stirn, ehe ihm dieser in die Augen rinnen konnte, was teuflisch brannte. Immerhin stand die Sonne zu seinen Gunsten, sie musste die Todgeweihten unweigerlich blenden. Dann ging alles schnell, der Pater erwachte erst aus seiner Starre, als die drei Verurteilten baumelten. Giovanna de Grandis kämpfte verbissen, aber vergeblich, ihre jüngere Spießgesellin bäumte sich auf, ein Schuh flog von ihrem Fuß und landete direkt vor dem Pater. Dieser wich erschrocken zurück und starrte auf den stummen Zeugen, der ihn wohl anklagen sollte. Plötzlich fürchtete er, dass Girolama ihn kurz vor ihrem Tod erkannt und verflucht hatte. Er hatte von all den Wahrsagereien, Sprüchen und Tränken nie viel gehalten. Wie, bitteschön, sollten Muttermilch oder Menstruationsblut, das zu feinem Pulver gemahlen worden war, die Libido steigern? So ein Unsinn! Aber jetzt fürchtete er sich, denn sollten die Flüche Sterbender nicht über besondere Macht verfügen? Plötzlich verdunkelte sich auch noch die Sonne und ein Mann, den er nie zuvor gesehen hatte, trat auf ihn zu. Mit heiserer Stimme flüsterte er: »Lasst Euch das eine Mahnung sein, Pater. Ihre Heiligkeit weiß genau über Eure Taten Bescheid!« Der Bote verschwand ebenso rasch wie er aufgetaucht war. Pater Girolamo zitterte wie Espenlaub, schwankte ein wenig nach links, dann nach rechts und endlich umfing ihn tröstliche Finsternis.

Erstmals erwähnt wurde Aqua Tofana in den Jahren 1632/33, als in Palermo im Rahmen eines Giftmordprozes-

ses zunächst Francesca la Sarda und später Teofania di Adamo hingerichtet wurden. Mit ihrer Bande soll die Tofana über fünfzig Jahre lang als Giftmischerin tätig gewesen sein, an die 600 Morde wurden ihr zur Last gelegt. Mitarbeiterinnen und Mitarbeiter der beiden flohen nach Rom und ließen sich dort nieder, angeführt von Giulia Tofana, die möglicherweise die Tochter von Teofania di Adamo war. Girolama Spara arbeitete an ihrer Seite und die beiden bauten in der Heiligen Stadt ihr Netzwerk auf. Ein Pater namens Girolamo von Sant'Agnese, dessen Bruder Apotheker war, versorgte sie mit Arsen. Als Giulia Tofana im Jahr 1651 starb, übernahm Spara die Führung. Als Witwe eines florentinischen Herrn konnte sie sich auch in adeligen Kreisen bewegen, ihre Geschäftspartnerin Giovanna de Grandis belieferte die restliche Klientel. Als »Manna des Heiligen Nikolaus«, ein bekanntes Heilöl der Zeit, getarnt, wurde das Gift verbreitet. 1658 flog die Bande auf, möglicherweise wurde de Grandis durch einen Polizisten entlarvt, das Geheimnis könnte aber auch gebeichtet und so entdeckt worden sein. Jedenfalls traten die Behörden in Aktion. 46 Morde wurden der Bande schließlich nachgewiesen und fünf Rädelsführer gehängt. Darunter waren Girolama Spara und Giovanna de Grandis, aber auch einer ihrer Auftraggeber. Bei den Hinrichtungen im Juli 1659 versammelte sich eine riesige Menschenmenge. Viele Beteiligte wurden zu Haftstrafen verurteilt, Mittäter aus der Aristokratie und der Kirche gingen jedoch straffrei aus, wobei angenommen wird, dass der Papst selbst dafür verantwortlich zeichnete. Gifte wie Aqua Tofana wurden auch als »Erbschaftspulver« bezeichnet. Durch Verabreichung in winzigen Dosen blieb dem Opfer ausreichend Zeit, seine Angelegenheiten zu ordnen, zu beichten und die Absolution zu empfangen, wodurch die unsterbliche Seele keinen Schaden nahm.

ELISABETH WIESE, DIE ENGELMACHERIN VON ST. PAULI

Deutschland

Die strähnigen Haare kurz geschoren, die Hände straff auf den Rücken gebunden, wankte Elisabeth Wiese zum Schafott. Es war bitterkalt an diesem Februarmorgen, die Gefängniskutte und die Holzpantinen, die man ihr gegeben hatte, schützten kein bisschen vor der beißenden Kälte. Der Richter riss gerade den schwarzen Vorhang zurück und ein verirrter schwacher Sonnenstrahl ließ den Stahl der Guillotine aufblitzen – die große Gleichmacherin, wie sie zu Zeiten der Französischen Revolution genannt wurde … Zwei Knechte packten die Frau, die aus Geldgier Säuglinge und kleine Kinder ermordet hatte, mit festem Griff an den Armen und banden sie so gut fest, wie es sich eben gehört, wenn der Kopf sauber vom Rumpf getrennt werden soll. Der Anstaltsarzt trat neben dem Sarg von einem Fuß auf den anderen, er hatte es offenbar eilig. Sobald die Delinquentin tot war, würde er den unfreundlichen Hof des Untersuchungsgefängnisses Holstenglacis fluchtartig verlassen.

Plötzlich traf ihn ein höhnischer Blick der Verurteilten. Kalt rieselte es dem Arzt über den Rücken, nicht umsonst hatte man die Alte als Hexe bezeichnet! Gerade eben verzog sie das Gesicht zu einer Grimasse. »Ja, schaut nur«, dachte Elisabeth Wiese, »ich war auch einmal ein hübsches Mädchen.« Sonst hätte sie der schmucke Kesselschmied wohl kaum als Braut heimgeführt.

Heinrich war eine ausgesprochen gute Partie für sie gewesen und stand zu seiner Frau, selbst als sie übel beleumdet Hannover verlassen musste. Dabei hatte sie nichts weiter getan, als ledige Mütter mit einer Stricknadel so lange und so geschickt zu stechen, bis deren verbotene Leibesfrucht das warme Nest verließ, in das sie sich eingenistet hatte. Nichts, was andere nicht vor ihr getan hatten oder nach ihr wieder tun würden. Des Betruges hatte man sie außerdem bezichtigt, mit Schimpf und Schande war sie aus Hannover fortgejagt worden! Aber Hamburg war auch eine schöne Stadt. Sehr schön sogar, und das Laster schien hier noch besser zu gedeihen als anderswo. Mitten in St. Pauli hatte das Ehepaar eine Wohnung gemietet, im ersten Stock, die Treppe hinauf, durch den linken Eingang und man war da. Billig war es nicht gerade gewesen, aber was war schon umsonst, nicht einmal der Tod …

Ja, ihr Heinrich war wirklich ein stattlicher Mann, auch beim Prozess kam sie nicht umhin, ihn mit Wohlgefallen zu betrachten, wie er so dastand, groß und breitschultrig mit seinem blonden Bart. Das Beste an ihm aber war sein Geld gewesen; erst als er bemerkt hatte, dass sie hin und wieder etwas davon in ihre eigene Tasche steckte, war der sonst so Gutmütige zornig geworden. Im Streit hatte er sie immer wieder der Verschwendung bezichtigt. Aber sie war ihm auch nichts schuldig geblieben! Trunksucht hatte sie ihm an den Kopf geworfen, und dem Richter Crasemann hatte sie gar erzählt, dass er es gewesen wäre, der im Suff den kleinen Wilhelm missbraucht und dabei versehentlich erstickt habe. Das könne schon einmal vorkommen. Dem Richter hatte doch tatsächlich der Mund offen gestanden bei dieser Behauptung. Wiese kicherte abscheulich und der Gehilfe des Henkers musterte die zum Tode Verurteilte erstaunt. Ihm war unbehaglich zumute, das sah man ihm an, und er wünschte sich nichts sehnlicher, als dass die Hinrichtung rasch vonstatten ginge. Ein Weibsbild hinzurichten war immer so eine Sache, aber diesmal waren die Frauen selbst auf die Straße gegangen und hatten den Tod der vielfachen Kindsmörderin gefordert.

Richtig dumm hatte der Richter dreingeschaut, wie eine Kröte, der man eine fette Fliege vor dem Maul wegschnappt, spann die Mörderin ihre Gedankengänge fort, ungeachtet dessen, dass ihr Körper bereits festgezurrt war und sie sich keinen Millimeter mehr rühren konnte. »Angeklagte, ich habe schon viel gehört, dass aber ein erwachsener Mann ein zwei Monate altes Kind unsittlich missbraucht, noch nie«, hatte der Richter mit zürnender Stimme zu ihr gesagt. Sie blieb steif und fest dabei, denn sie glaubte, was sie wollte, und außerdem war es tausendmal besser als die Wahrheit. Heinrich hatte ohnehin sieben Leben, er war nicht umzubringen, ein paar Monate im Gefängnis würden ihm nicht schaden. Kein Gift hatte bei ihm gewirkt! Er hatte sich unwohl gefühlt, erbrochen, aber das war es auch schon. Einmal bekam er schlimmes Nasenbluten, doch das hatten viele, da musste nicht unbedingt Gift im Spiel sein. Beim Kaffee war er dann schließlich stutzig geworden, wenn sie ihn nicht schnell weggeschüttet hätte, wäre er gar zur Polizei gerannt! Eine eiserne Gesundheit hatte ihr Heinrich, wie ein Pferd! Richtiggehend in Verlegenheit war sie gebracht worden, sodass sie sich einen anderen Plan zurechtlegen musste. Und so hielt sie denn eine Rasierklinge bereit, um ihm nächtens die Kehle aufzuschlitzen. Zu ihrem Leidwesen hatte er misstrauisch die ganze Nacht gewacht. Wohl weil ihm zu Ohren gekommen war, dass sie einer Nachbarin anvertraut hatte, dass sein Vermögen sie über den hehren Verlust hinwegtrösten würde, wenn sie den Witwenschleier anlegen müsste. Was hatte sie da schon anderes tun können, als die Rasierklinge weg- und sich niederzulegen?

Als recht ergiebige Erwerbsquelle hatte sich schließlich ihre uneheliche Tochter Paula erwiesen. Vor dem Richter hatte das dumme Ding doch glatt die eigene Mutter verleugnet! Das konnte sie, Elisabeth Wiese, aber auch! »Die Person«, sagte sie nur mehr zu ihrer eigenen Leibesfrucht und wenn sie jetzt an sie dachte, war es nicht anders. Dabei hatte sie weiß Gott genug für das Mädchen getan, sie umsorgt, aufgezogen, geschaut, dass sie alles hatte. Da konnte man doch erwarten, dass sie ihrer Mutter auch einmal unter die Arme griff, noch dazu, wenn sie so ein hübsches Lärvchen hatte. Ja, es war auf alle Fälle eine glänzende Idee gewesen, dieses Inserat, das sie gleich dreifach hatte erscheinen lassen: im »Generalanzeiger für Hamburg und Altona«, in den »Hamburger Nachrichten« und im »Fremdenblatt«. Noch hier und jetzt, kurz bevor das Beil niedersauste, kam Wiese nicht umhin, sich den Wortlaut auf der Zunge zergehen zu lassen: »Junge Dame bittet einen edeldenkenden Herrn um eine Unterstützung von 30 Mark gegen dankbare Rückzahlung.« Das hatte genug Freier angezogen. Nur Paula war äußerst störrisch gewesen, aber nach einer gehörigen Tracht Prügel hatte sie dann doch begriffen, dass man der Mutter gehorchen musste. Besonders der schwere Pantoffel hatte einiges an Überzeugungskraft besessen, aber auch sonst gab es genug in der Küche, womit man zuschlagen konnte. Oder zustechen, aber da reichte auch eine drohende Gebärde. Da war Elisabeth Wiese sehr erfindungsreich, man konnte sich ja nicht alles gefallen lassen von so einem jungen Ding! Und wenn die Tochter dann doch einmal aufbegehrte, hatten sich die Männer auf Geheiß der Mutter einfach mit Gewalt geholt, was ihnen zustand, nachdem Elisabeth Wiese die dreißig Mark eingestrichen hatte.

Auch auf den Straßenstrich hatte sie Paula geschickt, doch dann war das Mädchen eines Tages fort! Hatte sich aus dem Staub gemacht, das undankbare Gör, und war, wie die Mutter später erfuhr, nach London gegangen, wo sie bei der deutschen Familie Dr. Goldschmidt eine Anstellung fand. So musste Elisabeth Wiese sich nach einer anderen Nebenerwerbsquelle umsehen. Beinahe hatte sie es ein wenig bereut, dieses faule Mädchen so hart angefasst zu haben, aber andererseits – wenn sie an die Herren dachte, die sich da gemeldet hatten! Da war schon manch einer dabei gewesen, schmuck und jung … Wenn sie selbst nicht eine so kreuzbrave, verheiratete Frau gewesen wäre, hätte sie die dreißig Mark nur zu gern bei ihnen abgedient. Dass sie mit ihren 47 Jahren ganz und gar nicht mehr dazu geschaffen war, Lust zu erwecken, vergaß sie dabei völlig. Von Wuchs war sie schlank und mittelgroß, auch einmal so etwas wie ansehnlich gewesen, aber jetzt wirkte sie mit ihren kleinen, stechenden Augen, der Habichtsnase, den eingefallenen Wangen und ihrer Gesichtshaut, die ins Gelbliche spielte, alles andere als anziehend.

Es waren wieder die Zeitungen, die ihr aus der ärgsten Verlegenheit geholfen hatten. Im »Generalanzeiger« wurde mit Inseraten nach »Privatkostkindern« gesucht. Dahinter verbarg sich nichts anderes als Kostplätze für die unehelichen Bälger der Dienstmägde und anderer loser Frauenzimmer, die sich über ihrem Stand aus Lust oder Liebe – wo immer da auch der Unterschied liegen mochte – mit einem, oft gar ihrem Herrn eingelassen hatten. Ein weites Geschäftsfeld und ganz bestimmt eines, das nie versiegte. Allerdings durfte Elisabeth Wiese von Amts wegen keine Kinder in Betreuung nehmen, das war ihr in Hannover strikt untersagt worden. Aber das ließ sich umgehen, die Behörde war lang nicht so klug wie sie dachte und ihr Arm auch keineswegs so lang. Ein teuflischer Plan nahm in Wieses Kopf Gestalt an: Sie würde die Kinder gleich für immer aufnehmen und sie dann schnellstmöglich abgeben. Das Geld, nicht zu viel, damit die Mütter es sich leisten konnten, aber auch nicht zu wenig, damit es sich lohnte, würde sie einstreifen, bestenfalls einen geringen Betrag davon weitergeben. Wäre doch gelacht, wenn sich auf diese Weise nicht ein hübsches Sümmchen verdienen ließ!

Gesagt, getan. Wie stets hielt Heinrich sich heraus, wenn er auch seinen Unmut äußerte und ihr klar sagte, dass er dagegen sei. Das kratzte sie kein bisschen, denn ihr Gatte war ein gutmütiger Dummkopf, solange man nur die Finger von seinem Geldbeutel ließ. Elisabeth Wiese hatte sich einen Plan zurechtgelegt. Sie versicherte den jungen Müttern, dass die Kleinen einen guten Platz finden würden: in Berlin, Wien, London, ja möglicherweise gar in Übersee. Manch adelige Familie warte auf so ein kleines Ding und die Mutter würde doch froh sein, wenn es ihrem Kind besser erging als ihr selbst. Da war man doch stets darauf bedacht, dass das Kleine glücklich wurde, oder etwa nicht? Nichts fehle ihm nun noch als das Himmelreich, setzte sie gerne salbungsvoll hinzu und nur sie wusste, wie ernst sie es damit meinte. Ihre Worte machten den Müttern den Abschied ein wenig leichter. Auch wenn das Äußere der Vermittlerin wenig Vertrauen erweckend war, so verstand sie doch zu überzeugen. Das Geld nahm sie gierig entgegen, das anvertraute Kind gab sie wie geplant schnell weiter. Aber nicht alle Pfleglinge ließen sich so leicht loswerden, manch einer kam zurück, weil sie das Pflegegeld oftmals ganz einbehalten hatte. Da war guter Rat teuer, denn das Kind musste weg, schnellstmöglich und ohne großes Aufsehen. Aber auch hierbei wusste sie sich zu helfen. Selbst mit dem Fallbeil im Nacken genoss sie noch ihren strategischen Schachzug. Nicht, dass sie das königliche Spiel beherrschte, das war nur etwas für die feinen Herren, die den lieben langen Tag sonst nichts zu tun hatten …

Das Geschäft war recht gut angelaufen und wer zurückkam, der wurde ins Land der Träume geschickt. Der ewigen, versteht sich. Morphium hatte Wiese reichlich zur Hand, es stammte von einer schwindsüchtigen ehemaligen Wohnungsgenossin. Sie selbst war immer mit dem Rezept der Kranken zur Apotheke gegangen; dass sie es einbehalten hatte, war nach all der Mühe nur recht und billig. Die Tänzerin würde sich einfach wieder ein neues beschaffen, und bald stellte sich heraus, dass sie es ohnehin nicht mehr brauchen würde. Denn bald nachdem sie nach Berlin übersiedelt war, starb sie. Wie praktisch, dass die Kinder klein, mager und oft noch Säuglinge waren, so passten sie, ein wenig zurechtgebogen und hineingedrückt, gut in das Herdloch. Sie hätte sich von den kleinen Leichnamen eigentlich ein besseres Feuer versprochen, aber immerhin brannten sie, wenn sich auch einmal ein Mieter über den Gestank beschwerte. Elisabeth Wiese hatte sich auf ein verdorbenes Stück Fleisch hinausgeredet und gehofft, dass sich der Geruch bald verziehen würde. Ihr kleines privates Krematorium wurde sie dann bei gutem Wind los. Eine Nachbarin, die überängstliche Frau Düwel aus dem Erdgeschoß, hatte ständig darüber geklagt, dass sie fürchte, ein Einbrecher würde bei ihr einsteigen. Sogar geträumt hatte die dumme Gans schon davon! Als sie ihr dann so selbstlos einen Wohnungstausch vorgeschlagen hatte, war ihr die Alte um den Hals gefallen. Nun, sie war nun einmal ein guter Mensch und das ließ sie sich auch gerne sagen. Und in der neuen Wohnung brannte der Herd vorzüglich. Frau Düwel hatte mit ihrem hingegen weniger Freude, denn er zog nicht richtig und entwickelte eine Hitze, dass der neuen Mieterin angst und bange wurde. Dazu fehlten ein paar Schamotteziegel. Die hatte es einfach zerrissen, eine Folge der Einäscherungen, die bei extrem großer Hitze hatten vonstatten gehen müssen.

Ein Dienstmädchen namens Fräulein Klotsche, das irgendwie zu Geld gekommen war und ihren kleinen Wilhelm wieder zu sich nehmen wollte, hatte Elisabeth Wiese dann in Bedrängnis gebracht. Und wie der Teufel es so wollte, war auch eine der Pflegemütter, die Wülfing, misstrauisch geworden und schnurstracks zur Polizei gerannt. Die zum Tode Verurteilte schnaufte verächtlich durch die Nase. Sie selbst hatte sich den Strick gedreht, hatte gedacht, die Beamten wüssten etwas, und so hatte sie unvorsichtigerweise zur Jürgens, die einmal bei ihr gewohnt hatte, gesagt, dass sie ins Stadthaus müsste, weil sie ein Kind um die Ecke gebracht haben soll. Die Behörde vermutete zu diesem Zeitpunkt zwei betrügerische Kindesunterschiebungen, von der Wahrheit war man noch meilenweit entfernt. Aber nur so lange, bis Frau Jürgens das Gesagte hinterbracht hatte, diese alte Tratsche! Und dann hämmerten die Polizeibeamten auch schon an die Tür, so laut, dass ein Skandal nicht zu vermeiden war. Alle Nachbarn liefen zusammen! Da half kein Zetern und Schreien, sie musste mit aufs Revier. Vorsichtig wie sie war, hatte sie sich in der Jürgens schon zuvor eine Zeugin herangezogen, indem sie ihr Geld versprochen hatte. Sie sollte sagen, dass feine Damen aus dem Ausland die Kleinen zu sich geholt hatten, das Gegenteil könnte ohnehin keiner beweisen. Aber auf die Alte war kein Verlass, sie würde wieder singen … In der Haft wollte Elisabeth Wiese dann eine Mitgefangene für ihre Zwecke gewinnen, sie war des Öfteren bei den gemeinsamen Spaziergängen neben ihr hergegangen und hatte sie näher kennengelernt. Wenn sie gewusst hätte, wie sehr die Polizei noch im Dunkeln tappte! Naturgemäß wurden Nachforschungen angestellt und etwas Unrechtes vermutet, doch dummerweise war sie selbst es gewesen, die sich in ihrem Gespinst aus Lügen verstrickte hatte.

Und dann hatte dieses nichtsnutzige Ding, das einmal ihre Tochter gewesen war, auch noch erzählt, was in der Wohnung des Schuhmachers Schröder vor sich gegangen war! Zugegeben, sie hatte es verstanden, sich den 74-Jährigen gefügig zu machen. Für ihn war sie immer noch eine appetitliche junge Frau. Dafür hatte Paula auch ihr Kind bei ihm zur Welt bringen dürfen, das ihr irgend so ein Schöngeist untergejubelt hatte. In der Not war sie, ihre Mutter, doch wieder die erste Anlaufstelle gewesen. Sie hatte dem kleinen schwarzhaarigen Bengel auf die Welt geholfen und ihn gleich in einem bereitgestellten Kübel ertränkt. Ihre Tochter konnte ihn nicht mit nach London nehmen und sie selbst kein Kind gebrauchen. Ihre Untermieterin, Fräulein Reich, hatte die Geschichte bestätigt, natürlich so wie sie ihr erzählt worden war, nämlich dass der Junge tot geboren worden wäre. Trotzdem wusste sie zu viel, das bisschen Geld, das sie zum Haushalt beisteuerte, war Elisabeth Wiese teuer zu stehen gekommen. Von der Tochter kam auch keine Dankbarkeit, nur Vorwürfe! Nie mehr würde sie jemandem so selbstlos helfen und schon gar nicht dieser kleinen Hure!

Nun, die Sache mit dem Klotsche-Jungen hatte sie hinreichend geklärt. Den Tod der Kinder Sommer und Schultheiß schob sie einer Frau, der Miosga, in die ausgetretenen Schuhe. Der hatte sie ja tatsächlich einen Jungen in Pflege gegeben, zwar nur 24 Stunden lang, aber immerhin. Und sie hatte ein stinkendes Paket in ihrer Wohnung gesehen, genau so eines, wie sie selbst es in der Elbe versenkt hatte, ebenfalls mit stinkendem Fleisch darin oder solchem, das bald zu stinken beginnen würde. Dass Schnupftabak, in die Nase von Säuglingen gesteckt, ebenfalls ein probates Mittel war, wurde im Verhör viel zu breitgetreten. Als ob da nicht jeder selbst draufkommen könnte! Dr. Hollender, der die Anklage für die Geschworenen zusammengefasst hatte, ließ wirklich kein gutes Haar an ihr und verwendete jedes noch so kleine Detail gegen sie. Dass vier der Kinder unauffindbar waren, nahm er als Beweis, dass sie diese getötet und danach beseitigt habe. Ebenso gut hätte er ihr glauben können, dass sie sich im Ausland und wohl befanden. Doch die Behörden hatten trotz ihrer weitreichenden Verbindungen keines der Kleinen aufspüren können. Sie waren vom Erdboden verschwunden, und das im wahrsten und scheußlichsten Sinne des Wortes. Dr. Hollender hatte sie dem Scharfrichter ans Beil liefern wollen, vom ersten Augenblick an, da war sie sicher!

Ihr Verteidiger hingegen, ein Dr. Bleckwedel, hatte kaum einen Finger gerührt, um sie zu entlasten. Es war wieder einmal ein abgekartetes Spiel gewesen gegen sie als arme Frau und Mutter! Er hatte nur darauf hingewiesen, dass ein Fehlurteil, und damit meinte er das Todesurteil, später einmal alle Zeugen belasten könnte, wenn eins der Kinder wieder auftauchen würde. Wirklich hart aber hatte sie getroffen, dass ihr Heinrich sich nicht für sie ins Zeug gelegt hatte. So waren sie, die Mannsbilder! Leidlich zu ertragen, solange man ihnen den Haushalt führte, sie bemutterte und pflegte, wenn sie krank waren. Und ihnen zu Willen war. Doch den Geldbeutel hielten sie stets fest umschlossen, und wenn man sie brauchte, waren sie überall anders, nur nicht da. Wer weiß, vielleicht hatte Heinrich ja schon eine Neue und war froh, wenn sie den Platz in seiner Wohnung freimachte. Fünfmal zum Tode war sie dann verurteilt worden wegen fünffachen Mordes! Als ob man mehr als einmal sterben könnte! Der dauernde Verlust der Ehrenrechte kratzte sie da wenig, und auch nicht die zwei Jahre Zuchthaus, die sie für schwere Kuppelei und Verleitung zum Meineid aufgebrummt bekommen hatte. Dabei hatte sie nichts gestanden, rein gar nichts. Ein Gnadengesuch hatte sie eingereicht, aber zu diesem Zeitpunkt wusste sie bereits, dass es umsonst sein würde. Sogar in der Presse war von ihrer erschreckenden Kaltblütigkeit die Rede und sie wollte um keinen Preis das Gesicht verlieren, bevor sie den Kopf verlor. Und so schloss sich der Kreis der Gedanken der Elisabeth Wiese gerade rechtzeitig, denn Henker Engelhardt war soeben dazu aufgefordert worden, seines Amtes zu walten.

Kurz bevor die haarscharfe Klinge fiel, verfluchte Elisabeth Wiese all jene, die sie belastet und ihr Treiben aufgedeckt hatten. Dem Henkersknecht, der doch schon einiges gehört und erlebt hatte, standen die Haare zu Berge. Dann trennte die erprobte Maschine das Haupt präzise ab und während der Körper noch ein paar Mal wie unter Krämpfen zuckte, fiel der Kopf in den dafür bereitgestellten Weidenkorb. Schnell deckte ihn der Gehilfe des Henkers zu. Grausig war ihm zumute, denn die Augen der Alten hatten ihn angestiert, als könnten sie noch etwas sehen. Und wenn ihm nicht gerade der Teufel einen unheiligen Spuk vorgegaukelt hatte, hatte ihm ihr rechtes Auge zugezwinkert. Die alte Hexe, das wusste man aus sicherer Quelle, hatte mit Geistern verkehrt! Sogar das sechste und siebente Buch Moses hatte sie besessen, da stand allerlei Verruchtes und Böses drinnen, auch über das Kinderschlachten und dass das Blut von Tauben und Kindern Glück bringen solle. Obwohl es ihr offenbar wenig Glück gebracht hatte. Es sei denn, sie hatte Sehnsucht gehabt nach ihrem Meister, dann war der Fall des Beiles wohl regelrecht ein Glücksfall für sie.

Elisabeth Berkefeld wurde 1859 in Bilshausen, im heutigen Landkreis Göttingen, geboren. 1888 heiratete sie den Kesselschmied Heinrich Wiese und lebte mit ihm in Hannover. Da Elisabeth Wiese, die als Hebamme arbeitete, durch Abtreibungs- und Betrugsprozesse ihren Ruf eingebüßt hatte, zog das Ehepaar einige Jahre später nach Hamburg, St. Pauli. Zunächst verlegte sie sich auf den sogenannten »Inseratenstrich« und zwang ihre Tochter Paula zur Prostitution, bis diese im Jahr 1902 nach London floh. Nun nahm Elisabeth Wiese uneheliche Kostkinder in Pflege, was sie wegen einer polizeilichen Verfügung eigentlich nicht durfte. So nahm sie die Kinder offiziell für immer bei sich auf, gab sie aber an Pflegemütter weiter, die sie so schlecht oder gar nicht bezahlte, dass diese die Kinder oftmals zurückbrachten. Anfang 1902 vertrauten vier Dienstmädchen ihre Säuglinge der Wiese an, innerhalb kurzer Zeit fehlte von den Kleinen jede Spur. Als ein Dienstmädchen das Kind zurückhaben wollte und eine Pflegemutter misstrauisch wurde, kam die Polizei ins Spiel. Erst nach wochenlangen Verhören gestand Elisabeth Wiese, die Kinder mit Morphium vergiftet und danach im Ofenloch verbrannt zu haben. Nach einem fünftägigen Indizienprozess wurde Elisabeth Wiese im Jahr 1904 wegen Nötigung zur Prostitution, Betrügerei und fünffachen Kindsmordes zum Tode verurteilt. Die Tötung von bis zu 16 Kindern wurde ihr zur Last gelegt.

MARY ANN COTTON, DER SCHWARZE ENGEL

England

Wuchtige Hammerschläge hallten durch die Gänge des Gefängnisses und schreckten die Frau, die zusammengerollt unter der dürftigen Decke lag, aus dem Schlaf. Junge Mütter haben bekanntlich feine Ohren, aber Mary Ann Cotton war gar nicht mehr so jung. Mit vierzig Jahren hatte sie vor gut zwei Monaten ihr dreizehntes und ohne Zweifel letztes Kind zur Welt gebracht. Sie seufzte, der Strafaufschub war vorüber und nichts und niemand wollte oder konnte sie länger auf Erden halten. Der Henker war bestellt und die Geräusche, die vom Hof hereindrangen, machten nur allzu deutlich, dass ihre Zeit abgelaufen war.

Mary Ann Robson war ein Kind gewesen wie viele andere auch. Ihr Vater arbeitete in der Mine und gab seiner Tochter den Willen zu überleben mit auf den Weg, obwohl er selbst viel zu früh starb. Aber daran trug das schwarze Gold, das im Nordosten Englands abgetragen wurde, Schuld. 150 Fuß, ganze 46 Meter tief, fiel er in einen Schacht. Das, was von ihm übrig war, wurde seiner Witwe in einem Sack vor die Füße gelegt. Dieser trug die Aufschrift »Eigentum der South Hetton Kohlen Company«, was nicht nur wenig pietätvoll war, es zeigte auch deutlich, dass ein Kohlearbeiter selbst noch im Tod Eigentum des Unternehmens war. Nicht jedoch seine Witwe und die Kinder, denn nur wer arbeitete, durfte hier leben oder, besser gesagt, wohnen. Mary Anns Mutter heiratete abermals einen Bergmann und löste damit das Wohnungsproblem ihrer kleinen Familie.

Die Frau, die jetzt in der feuchten Zelle auf ihren Tod wartete, war ein adrettes Mädchen gewesen. Als die Familie noch heil war, stand in einem Provinzblatt über die achtjährige Schülerin zu lesen, dass sie ein sauberes Persönchen sei. Wenn auch von durchschnittlicher Intelligenz. Wann immer sie an diese Beschreibung dachte, spürte Mary Ann Cotton Zorn in sich aufsteigen. Sie war stets etwas Besonderes gewesen! Sie hatte über Leben und Tod geherrscht! Dazu musste man auserwählt sein und gewitzt dazu, denn sonst wäre sie schon viel früher am Galgen gebaumelt.

Mit sechzehn Jahren hatte sie genug von einem Daheim, das nicht mehr ihr Zuhause war, seit die Mutter mit dem neuen Mann zusammenlebte. Sie wurde Kindermädchen, aber die kleinen Fratzen wurden schneller groß als man glaubte, und so musste sie dann doch wieder zurück zu ihrer Mutter und versuchte sich als Kleidermacherin. Als sie noch jung gewesen war, dachte die Delinquentin und zog die Decke enger um ihren Leib, gab es für ein Frauenzimmer wie sie nur die Möglichkeit, sich in eine Ehe zu retten. Wobei diese oft gar keine Rettung war, sondern erst recht der Untergang. Aber Mary Ann selbst hatte es mit ihrem William gut getroffen, sie zog mit ihm zwei Mal um und ersparte es sich, vier oder fünf gemeinsame Kinder großzuziehen, denn diese starben schnell und niemand interessierte sich weiter für ihr Schicksal. Nur eine Tochter blieb ihr erhalten, starb aber pflichtschuldig bald nach der Geburt der folgenden. Dann kam ein Sohn, aber auch er hielt dem nicht stand, was als gastritisches Fieber galt, aber mehr sein sollte. Viel mehr. Aus dem einfachen Grund, weil seine Mutter jung war, das Leben genoss und sich nicht mehr belasten wollte, als unbedingt notwendig erschien.

Nach ihren Experimenten mit kleinen Menschen war Mary Ann so richtig auf den Geschmack gekommen. Es ging ihr gut, wenn ein Mann sie versorgte und ihr Bett wärmte, aber noch besser ging es ihr, wenn er ihr etwas vermachte und still und kalt auf der Bahre lag. Männer gab es viele und sie selbst war hübsch, noch zumindest, aber so war das mit den Frauen, die viele Kinder bekamen, und die Männer waren meist einfach froh, wenn sie etwas besitzen und begatten konnten, das ihnen gehörte, und nur ihnen. Und sei es auch nur für kurze Zeit. Schließlich folgte ihr Meisterstück, zugegebenermaßen würden noch andere folgen, als William sein Leben aushauchte. So nannte es der Pfarrer salbungsvoll, im gemeinen Leben aber hatte William Schwierigkeiten mit seinem Darm gehabt. Er vertrug das Arsen nicht, genauso wenig wie die Ratten und die Kinder, aber auf seinen Tod war ein schöner Batzen Geld ausgesetzt. Mit dem, was die offiziell trauernde Witwe an Lebensversicherung einstrich, hätte ein Handwerker gut und gerne ein halbes Jahr lang leben können.

Nach einer kurzen Affäre war es wieder so weit: Ein neuer Ehemann schien notwendig geworden. Einer, der über etwas mehr Geld verfügte und über etwas weniger Gesundheit. Mary Ann saß sozusagen an der Quelle, denn sie arbeitete damals im Sunderland Krankenhaus mit Rekonvaleszenten, die gerade von ansteckenden Krankheiten genasen. Gott sei Dank war inzwischen auch ihre dreieinhalbjährige Tochter gestorben, an Typhus, und wer etwas anderes behaupten wollte, der möge es auch beweisen! Isabella, die einzige Überlebende von neun Kindern, die Mary Ann ans Licht der Welt gebracht hatte, wurde zur Großmutter geschickt und so war der Weg frei für eine neue Ehe. Der Ingenieur George Ward konnte sich nicht fassen vor Freude: Eben noch dem Tode geweiht, würde er, wenn auch langsam, genesen und eine ihn liebevoll umsorgende Frau hatte er ebenfalls gefunden! So gut meinte es der Herrgott mit ihm! Möglicherweise aber auch zu gut, schmunzelte Mary Ann und warf dabei ihren Pantoffel nach der fetten Ratte im Winkel ihrer Zelle, die versuchte, einen Brotkanten zu stibitzen. George Ward war schneller tot, als das jemand geglaubt hätte, aber nicht bevor er sie großzügig bedacht hatte, wie es sich für einen guten Ehegatten gehört.

Mary Ann war wieder einmal frei, aber aufgrund einer allgemein verbreiteten Interesselosigkeit oder gar Blindheit noch immer nicht vogelfrei geworden. Und bald war es an der Zeit, sich ein neues Opfer zu suchen, und wie stets fand sich eins, das willig war, wenn auch nicht willens zu sterben. Aber was man nicht weiß, kümmert einen nicht und die junge Frau hatte eine Art, treu und liebevoll zu erscheinen, die Misstrauen nicht einmal ansatzweise aufkeimen ließ. Und so holte sich ein Schiffsbauer, dessen Frau erst kürzlich verstorben war, die mehrfache Mörderin vertrauensvoll ins Haus. Nur einen Monat darauf starb der jüngste Sohn des Hauses – wie sollte es anders sein – an gastritischem Fieber. Wie eine Flutwelle riss der Verlust James Robinson in die Arme seiner Haushälterin. Sein Schmerz war tiefgreifend und Mary Ann tröstete ihn so gekonnt, dass sie bald darauf schwanger war. Gerade eben hatte sie sich in ihrem neuen Leben eingenistet und es sich so richtig gemütlich gemacht, als ihre Mutter an Hepatitis erkrankte. Als pflichtbewusste Tochter reiste sie unverzüglich nach Seaham Harbour und pflegte die bereits wieder Genesende mit der einen oder anderen Prise Arsen zu Tode.

Neun Tage lang dauerte das anscheinend so selbstlose Werk der Tochter; mit Gott konnte sie noch nicht konkurrieren, aber ihr Drang zur Effizienz war bereits gut ausgebildet. 54 Jahre war ihre Mutter geworden, mit ihrem Hinscheiden hatte Mary Ann allerdings auch eine Bürde übernommen, nämlich die ihres eigenen Kindes, das bis dahin so sang- und klanglos bei der Großmutter und dem ungeliebten Stiefvater gewohnt hatte. Ein praktisches Arrangement, das der Männer- und Heiratswütigen ausreichend Freiraum gelassen hatte. Um sich diesen zu erhalten, klagte auch Isabella bald über Magenschmerzen und andere Umstände, die sie rasch aus dieser Welt ins Jenseits beförderten, aber sie musste nicht allein gehen, denn ein Junge und ein Mädchen, Kinder des Schiffsbauers aus erster Ehe, folgten ihr rasch nach. Für Isabellas Tod gab es wieder Geld für die trauernde oder wohl doch eher erleichterte Mutter und bald auch eine Hochzeit mit James. Ihr erstes gemeinsames Kind, ein Mädchen namens Mary Isabella – pietätvoll nach dem gemordeten Kind benannt, das erst drei Monate unter der Erde lag –, schaffte kaum ebenso viele Monate auf Erden. Nur der kleine George durfte leben. Vorerst zumindest, solange er noch nicht allzu sehr im Wege war.

Mit der Zeit wurde Mary Ann unvorsichtig und ihr Drang nach Geld brachte sie dazu, ihren frisch angetrauten Ehegatten damit zu bedrängen, sich doch auch versichern zu lassen. Keine Ruhe ließ sie ihm, Tag für Tag behelligte sie ihn damit. Schon beim Frühstück servierte sie diese Bitte zusammen mit seinem Porridge, zu Mittag reichte sie sie gemeinsam mit einer Extraprise Salz und abends flüsterte sie ihm diese ins Ohr, während er seinen ehelichen Pflichten nachkam. James Robinson aber erfüllte bald nicht der immer stärker werdende Wunsch, seine Ehefrau auch nach seinem Tode wohlversorgt zu wissen, sondern eine mit Wut gepaarte Angst und eine dunkle Ahnung dessen, wen oder was er sich da ins eheliche Bett geholt hatte, wenn er all die Todesfälle bedachte und zusammenrechnete, die sich seit ihrem Eintritt in sein Haus ereignet hatten. Er hatte außerdem herausgefunden, dass sie ihn immer wieder hinterrücks um Bares erleichterte, und Schulden hatte sie obendrein. Kurzum, er jagte Mary Ann aus dem Haus und atmete erst wieder auf, als sich die Tür hinter ihr schloss.

Nun war guter Rat teuer, denn Mary Ann saß buchstäblich auf der Straße. Da half kein Lamentieren und Schreien, Mr. Robinson hatte sich für immer von ihr abgewandt und so durfte er seinen Lebensabend schließlich genießen und – was für einen ihrer Ehemänner geradezu atypisch war – erleben. Doch auch Mary Ann hatte ein weiteres Mal Glück, denn wie der Teufel es so wollte, lief ihr eine alte Freundin, Margaret Cotton, über den Weg. Naturgemäß erfuhr diese nur jenen Teil der Geschichte, der Mary Ann als armes Opfer dastehen ließ. Aus Mitleid brachte Margaret dieses nun schon etwas ältere und bereits sehr tief gefallene Mädchen in das Haus ihre Bruders, eines Bergmannes, bei dessen zwei verbliebenen Kindern sie selbst nach dem Tod ihrer Schwägerin Mutterstelle vertrat. Mary Ann verfolgte Margarets Werk mit Interesse, prägte sich alles ein und schaffte es, sich in den Augen ihres Bruders interessant zu machen. Kein Wunder also, dass Margaret bald das Zeitliche segnete und der Trauernde in Mary Anns Arme sank. Was sie tat, tat sie offenbar mit Hingabe, denn bald war ihr zwölftes Kind unterwegs.

Die Gedanken der Delinquentin hatten sich selbstständig gemacht. Die fette Ratte war wieder in ihr Loch geschlüpft, nachdem sie die zum Tode Verurteilte mitleidlos mit ihren blanken schwarzen Augen angestiert hatte. So lange, bis Mary Ann aufgesprungen war und sie verscheuchte. Sie war bereits losgelöst von dieser Welt, sie betrachtete sich selbst wie eine Außenstehende, die dem Werk eines Malers oder Poeten bewundernd Beifall zollt oder eben die tödliche Akribie einer Serienmörderin bestaunt. Nichtsdestotrotz gab es diese Distanz nicht wirklich, denn sie selbst war das Monster, die Schwarze Witwe. Sie selbst hatte erst aufhören können, ihr Arsen zu verteilen, als man sie fasste. Sie setzte sich wieder auf ihr Lager, sie hatte nur noch so kurz zu leben, es war ohne Bedeutung, ob sie sich Bewegung verschaffte oder herumsaß, das kümmerte keine Seele und ihr Körper musste auch nicht mehr für zukünftige Geliebte und Ehemänner in Schuss gehalten werden.

Mit Frederik Cotton übertrat Mary Ann eine weitere Schwelle und ein weiteres Gesetz. Sie war noch verheiratet mit jenem undankbaren Schurken, der sie aus seinem Haus geworfen hatte, aber trotzdem ging sie abermals eine Ehe ein, denn einen willigen Mann konnte und durfte sie sich nicht entgehen lassen. Wenige Monate später war der nächste kleine Schreihals zu versorgen, ein weiterer Sohn. Die zum vierten Mal Verheiratete mag ihre Fruchtbarkeit ebenso verflucht haben wie andere die Unfruchtbarkeit.

Aber sie wusste sich zu helfen und dass sie bald handeln würde, war klar, als sie erfuhr, dass ihr früherer Geliebter Joseph Nattrass kaum fünfzig Kilometer entfernt von ihrer neuen Familie wohnte. Mit Überredungskunst, ihren Reizen oder worauf auch immer Frederik reagierte, schaffte sie es, die gesamte Familie zum Umzug zu bewegen. Ob sich der Gatte darüber wunderte oder ärgerte, wurde nie bekannt, denn seine Gemahlin verstand es meisterhaft, den schönen Schein zu wahren, und wer erst etwas über ein Jahr verheiratet ist, ist meist noch zufrieden. Zumindest einigermaßen. So bekam Frederik seine gehörige Portion Arsen und der frühere Liebhaber Mary Ann zur Gefährtin. Dieser mietete sich sogleich bei ihr ein und sie begann wieder als Krankenschwester zu arbeiten. Ein Steuereinnehmer, der für die Brauereien zuständig war, war es, der sich von den Pocken erholte und sich mit ihr bestimmt das größere Übel ins Haus holte. Vor allem eines, gegen das die ganze Kunst der Ärzte nichts auszurichten vermochte. Für Mary Ann war es wieder an der Zeit, den Nachwuchs aus früheren Verhältnissen zu entsorgen, er war lästig geworden, und zu allem Übel war sie schon wieder schwanger. Und Joseph hatte sowieso zu lange gezögert, er hätte vor Jahren schon zu ihr finden sollen. Wie jeder Mann war auch er es nicht wert, das Leben mit ihr beschließen zu dürfen, und so beschloss sie seines.

Nun hing ihr nur noch ihr Stiefsohn Charles Edward Cotton am Rockzipfel und machte es ihr unmöglich, die Arbeit anzunehmen, die nach Geld roch und ihr von einem Geistlichen angeboten worden war. Thomas Riley, der nebenbei auch als Hilfs-Gerichtsmediziner tätig war, hatte von ihren Qualifikationen gehört und wollte sie für die

Pflege einer Frau verpflichten, die gerade von den Pocken genas. Keine pflichtbewusste Mutter hätte im Traum daran gedacht, Arbeiten wie diese anzunehmen und Keime in ihr Haus zu schleppen, gar zu einer Zeit, als medizinisch noch so vieles im Argen lag. Aber so war Mary Ann nie gewesen, im Gegenteil. Dass sie selbst nicht krank wurde, wusste sie inzwischen zur Genüge. Aber sie hätte einiges an Arsen sparen und mancher Gefahr aus dem Weg gehen können, wenn sie nur einen Deut weniger robust gewesen wäre. Aber all diese Überlegungen waren müßig, denn stets musste sie selbst dafür sorgen, dass ihre Kinder oder ihre Ehemänner das Zeitliche segneten. Sie war wirklich eine geplagte Frau.

Als Thomas Riley ihr das lukrative Geschäft anbot, hatte sie einen genialen Einfall: Sie bat ihn, den verbliebenen Cotton ins Arbeitshaus zu schicken, dann wäre sie frei und könne der Frau helfen. Dazu war der Geistliche aber nicht bereit, doch schon nach fünf Tagen war das Problem ohnehin gelöst, denn der Knabe war tot. Damit war es genau so gekommen, wie seine Stiefmutter vorausgesagt hatte: Charles würde sie nicht mehr lange belasten, er würde den Weg aller Cottons gehen. Wobei sie offenbar vergaß, dass auch sie diesen Namen noch immer trug. Der Geistliche lief, nachdem er diese Worte aus dem Mund der allzu Arbeitswilligen gehört hatte, schnurstracks zur Polizei. Und zum Doktor, den er überzeugen konnte, dass der Körper des Jungen näher in Augenschein genommen werden müsse. Davon wusste Mary Ann nichts und es interessierte sie auch nicht weiter. Einzig die Summe, die sie nach Charles' Tod aus der Lebensversicherung, die sein verstorbener, oder besser gemordeter, Vater für ihn abgeschlossen hatte. Mit viel gutem Willen, aber ohne auch nur zu ahnen, dass er damit das Todesurteil des Jungen unterschrieb. Doch ohne Totenschein gab es kein Geld, das musste Mary Ann zu ihrem Ärger erfahren. Eine Untersuchung stellte sie vor die Frage, was genau sie dem kleinen Charles gegeben habe. Sie pochte auf Pfeilwurz und erklärte, dass sie ihm nur habe helfen wollen und dass der Geistliche sie deshalb verdächtigte, weil sie sich seinen unbotmäßigen Annäherungsversuchen so standhaft widersetzt habe.

Zu dieser Zeit waren aber auch die Zeitungen nicht faul, vielleicht witterten sie einen großen Fall, vielleicht benötigten sie gerade wieder einmal eine gute Story. Und sie bekamen, was sie wollten, denn bald kam ans Licht, dass Mary Ann nicht nur häufig in Nordengland umgezogen war, sondern auch eine Spur von Leichnamen hinter sich hergezogen hatte. Drei Ehemänner, ein Geliebter, ein Freund, dazu elf Kinder, alle tot und unter der Erde. So viel Unglück sah auch für wohlmeinende Menschen nach Absicht aus und so kam eins zum anderen. Doktor William Byers Kilburn nahm die Proben zur Hand, die er aus dem Körper des kleinen Charles angefertigt hatte, und fand darin Arsen. Die Polizei waltete ihres Amtes und es wurde angeordnet, dass der Junge zu näheren Untersuchungen aus dem Grab geholt werden sollte. Der Prozess, auf den so viele Sensationslüsterne warteten, begann mit Verzögerung, denn erst gebar Mary Ann noch ihr letztes Kind. Margaret Edith Quick-Manning Cotton sollte es heißen und eines von gerade einmal zwei Kindern sein, das die eigene Mutter überlebte, wohl weil dieser nun die Möglichkeit fehlte, es rechtzeitig unter die Erde zu bringen. Die Zahl Dreizehn brachte Mary Ann jedenfalls kein Glück, denn sie wurde nun endgültig vor Gericht gezerrt. Aber noch war der Skandale nicht genug, denn es gab ein Gerangel darum, wer denn der zuständige Staatsanwalt sein würde. Der Justizminister selbst griff ein und protegierte einen Mann namens Charles Russell, der, so wusste man zu berichten, sein guter Freund war. Trotzdem hatte dieser aber noch mehr zu bieten als Protektion, und Mary Anns Fall war nur sein erster auf diesem höchst diffizilen Gebiet – er würde noch weitere Serienmörderinnen schuldig sprechen und sich damit einen Namen machen.

Mary Anns Rücken wurde langsam steif. Und sie wurde wieder ärgerlich, wenn sie daran dachte, wie wenig ihr Verteidiger erreicht hatte, obwohl die Idee mit dem Arsen in der grünen Tapete richtig gut gewesen war. Dann kam der Apotheker ins Spiel und es ging das Gerücht, dass er das Gift mit Wismut vertauscht habe, was ja möglich gewesen wäre bei den vielen Kunden, die er zu bedienen hatte und die nicht still anstanden, sondern kreuz und quer redeten und ihn zur Eile antrieben. Trotz allem ließ die Jury sich nicht beeindrucken, sie zählte Eins und Eins zusammen und plädierte nach nur neunzig Minuten Beratung auf schuldig. Zu diesem Zeitpunkt zeigte Mary Ann Cotton erstmals Gefühle und legte ihr kaltes Wesen kurzfristig ab. Unschuldig zu sein beteuerte sie ohnedies die ganze Zeit. Ihren Gnadengesuchen wurde allerdings nicht stattgegeben und so sollte sie denn am 24. März des Jahres 1873 von William Calcraft im Gefängnis von Durham gehängt werden. Dieser Tag war nunmehr angebrochen.

Der Schlüssel wurde von außen in die Zellentür gesteckt, knarrend ging sie auf und zwei Männer traten auf Mary

Ann zu. Unsanft zogen sie die Mörderin von ihrer kalten Pritsche. Wie alle anderen hatten auch sie kein Mitleid mit ihr. Unsicher wankte die Verurteilte zwischen ihnen über die Schwelle, sie wollte nicht hinaus, wollte den ungastlichen Raum mit der fetten Ratte nicht verlassen, er war ihr lieb geworden, denn sie hing an ihrem Leben. Aber der Galgen wartete schon und viel zu schnell stand sie unter dem leise im Wind schaukelnden Seil. Der Henker legte es ihr um den Hals und die Klappe ging so rasch auf, dass Mary Ann keinen klaren Gedanken mehr fassen konnte. Aber ihr Genick brach nicht, denn das Seil war zu kurz. Ein Fehler, der einem geübten Henker nur dann unterläuft, wenn er ein kleines Schaustück bieten und dem oder der Todgeweihten noch etwas Extrazeit zur Buße lassen möchte. Und so tanzte Mary Ann am Galgen, wie sie zu Lebzeiten nie getanzt hatte. Einige Minuten lang dauerte das schauerliche Gezappel, einem mittelalterlichen Veitstanz nicht unähnlich, bis der Henker sie an den Schultern niederdrückte und vollendete, was er begonnen hatte. Was von ihr übrig blieb, waren die aufkeimende Überzeugung der Menschen ihrer Zeit, dass auch das zarte Geschlecht Mörder hervorbringt, und ein Reim, den die Kinder noch lange in den Gassen sangen: »Sing, sing, oh what can we sing? Mary Ann Cotton is tied up with a string. Where, where? Up in the air, selling black pudding, a penny a pair.«

Mary Ann Cotton wurde im Jahr 1832 unter dem Familiennamen Robson in der englischen Grafschaft Durham geboren. Sie hatte zwei jüngere Geschwister. Marys Vater arbeitete als Zechensenker. Als das Mädchen acht Jahre alt war, zog die Familie nach Murton, wo der Vater in einem Schacht zu Tode stürzte. Ein Jahr später heiratete die Mutter abermals einen Bergmann. Mary wurde zunächst Krankenschwester, dann Schneiderin. Mit zwanzig Jahren heiratete sie den Zechenarbeiter William Mowbray und zog nach Südwestengland. Vier oder fünf ihrer Kinder starben, Näheres wurde nicht bekannt, da Todesfälle erst ab 1874 registriert werden mussten. Nur die Geburt ihrer Tochter Margret im Jahr 1856 wurde eingetragen. Die Familie zog zurück nach Nordengland, wo weitere Kinder Marys Anns starben, zuletzt auch ihr Mann. In weiterer Folge spezialisierte sich die junge Frau, der nachgesagt wurde, dass sie sehr schön sei, auf Männer, die sie als Pflegerin in Erholungsheimen kennenlernte, heiratete und danach mit Arsen vergiftete. Nur ihr dritter Ehemann, James Robinson, durchschaute sie, warf sie aus dem Haus und überlebte. Nebenbei brachte Mary Ann auch ihre Mutter, ihren Liebhaber, zahlreiche weitere Kinder – so überlebten von ihren 13 nur zwei – und schließlich ihren vierten Gemahl ins Grab. Hingerichtet wurde sie 1873 jedoch »nur« wegen des Mordes an ihrem Stiefsohn Charles Edward Cotton, obwohl ihr zwischen 14 und 21 Menschen zum Opfer fielen. Mary Ann Cotton galt im viktorianischen England längere Zeit als erste englische Serienmörderin, aber wie sich herausstellen sollte, war sie bei Weitem nicht die Einzige. Als das Durham-Gefängnis Anfang der 90er Jahre des 20. Jahrhunderts modernisiert wurde, fand man in Cottons Grab neben ihren Knochen auch noch ein paar Schuhe. Das Gedicht über Mary Ann Cotton wurde unter Tapetenschichten in einem Haus entdeckt, das im Jahr ihrer Exekution errichtet worden war.

MARIE ALEXANDRINE BECKER, DIE BELGISCHE BORGIA

Belgien

Marie Becker neigte den Kopf ein wenig zur Seite und musterte die alte Dame mit zusammengekniffenen Augen. Mit Digitalis konnte man dem Herzen so gut auf die Sprünge helfen, dass es schier zerspringen wollte! Die geäderte Hand, die die Teetasse krampfhaft umklammert hielt, begann heftig zu zittern und sie griff rasch danach. Es wäre doch zu schade, wenn das schöne Stück zu Bruch ginge! Marie verstaute die Flasche mit dem hochwirksamen Fingerhutkonzentrat in ihrer Rocktasche und freute sich darüber, dass ihr als Näherin und Dame von exquisitem Geschmack in Sachen Garderobe eine so passende Begleiterin zur Seite stand wie diese Pflanze. Die Schotten hatten schon recht, wenn sie das hübsche Gewächs mit den fünf rötlichen Staubblättern »blutige Finger« nannten. Marie blickte geistesabwesend auf das Häufchen Elend, das bald ihre Kundin gewesen sein würde, herab. Es galt nun schnell zu handeln. Sie fasste in die Tasche der alten Dame und nahm alles heraus, was ihr von Wert schien, zuerst leerte sie natürlich den Geldbeutel, dann schob sie ihren Arm unter den der Frau und zog sie mit einem Ruck auf die Beine. Sie schleifte die Alte neben sich her bis zu deren nahegelegener Wohnung, übrigens keine Sekunde zu früh, denn das Herz setzte nun endgültig aus. In den Räumlichkeiten der bereits Verstorbenen drückte sie diese auf einen Stuhl, ganz so als hätte sie sich beim Einkaufen überanstrengt und, kaum wieder zu Hause angelangt, ihren Geist aufgegeben. Was für ein tragischer Zufall!

Obwohl sich die Begleiterin der Toten noch gerne etwas umgesehen hätte, schien ihr das zu riskant. So eilte sie zur Wohnungstür, zog diese geräuschlos hinter sich ins Schloss und eilte zu ihrem Laden zurück. Der war ihr ganzer Stolz, und darauf, dass sie sich in Sachen Mode so gut auskannte und als Beraterin geschätzt war, bildete sich Marie nicht wenig ein. Immerhin war sie ihres eigenen Glückes Schmied und hatte es ganz alleine so weit gebracht! Anfangs hatte es so ausgesehen, als würde sie in einer Ehe verrotten müssen wie all die anderen Frauen, die sie kannte. Aber dazu war sie einfach zu schlau. Marie war inzwischen im Geschäft angekommen und eilte ins Hinterzimmer. Sie spülte die Tasse gut aus und stellte sie an ihren Platz. Sie selbst würde beileibe nicht daraus trinken, aber man wusste ja nie. Vielleicht kam ihr junger Galan vorbei, also der, mit dem sie gerade ihre Nächte durchtanzte und alle möglichen Dinge trieb, die Männer einfach besser brachten, wenn sie jünger waren. Und wenn er aus der Tasse trank, dann starb er womöglich, bevor sie mit ihm fertig war. Das wäre zu schade gewesen.

Marie verzog ihren schmallippigen Mund und musterte sich im Spiegel, der den Kundinnen schmeicheln sollte, wenn sie von ihr ausstaffiert wurden. Was sie sah, stellte sie zufrieden. Sie war vielleicht nicht mehr ganz so adrett wie früher, aber das glich sie durch Selbstbewusstsein aus. Außerdem durch ihr jugendliches Gewand und ausreichend Schminke, man war doch immerhin so jung wie man sich fühlte, oder etwa nicht?! Und dazu hatte sie

Geld, im Moment jedenfalls, und sie wusste, wie sie sich neues beschaffen konnte. Marie zog ihr Kleid zurecht.

Man schrieb das Jahr 1936 und sie war gerade 57 Jahre alt geworden. Oder jung, denn die Reihe der Männer, die ihr den Hof machten, bestätigte ihr dies nur allzu gern. Wer hätte das gedacht, dass sie, aus einem kleinen Nest namens Waasmont in der belgischen Gemeinde Landen stammend, es einmal so weit bringen würde? Das harte Leben dort hatte sie geprägt, geschmeckt hatte es ihr aber nicht.

Mit sechzehn Jahren hatte Marie ihre Zukunft selbst in die Hand genommen. Ihre Tante lebte in Lüttich und dahin zog es sie, immerhin gab es in dem Seilladen, den die Verwandte besaß, genug zu tun. Und wenn Kunden sich überlegten, doch lieber woanders einzukaufen, überzeugte sie ein gutes Glas Peket doch immer wieder vom Gegenteil. Destillierte Wacholderbeeren hatten es wirklich in sich! Dass sie selbst jung und hübsch war und gerne mit der Kundschaft schäkerte, hatte natürlich auch seinen Anteil daran. Bis sie ihren Ehemann traf, dauerte es allerdings eine Weile. Dazu musste erst im Jahr 1905 die Weltausstellung in Lüttich stattfinden, da sah er sie und verliebte sich sofort in ihr hübsches Gesicht und kokettes Wesen. Marie war noch heute stolz darauf, dass sie ihm unter der Masse der Besucherinnen ins Auge gestochen war. Ihr selbst gefiel, dass er Aussicht auf ein reiches Erbe hatte. Mehr wünschte sie sich zum damaligen Zeitpunkt nicht. Wie naiv sie doch gewesen war! Und wie gerne sie den Namen Petitjean gegen Becker getauscht hatte, denn ersterer erinnerte sie zu sehr an harte Arbeit. Marie setzte sich auf den Stuhl, auf dem vor Kurzem noch die alte Dame gesessen hatte, und griff nach einem Glas Wasser. Morden machte sie immer durstig, was an sich schon ein wenig makaber war, aber immerhin trank sie keinen Tee und Fingerhüte mochte sie nur an ihrem Mittelfinger, aber sicher nicht in ihrem Magen. 1906 hatte dann die Hochzeit stattgefunden. Wenn sie allerdings gewusst hätte, wie unerträglich die Familie von Charles war, hätten sie sich das Zwischenspiel im Hause seines Vaters, dieses Tyrannen, und seiner beiden jüngeren Söhne erspart. Vor allem Léontine, der Gattin des Sägewerkbesitzers, war sie offensichtlich von Anfang an zuwider gewesen, was allerdings auf Gegenseitigkeit beruhte. Allein wenn sie an den modischen Geschmack dieser Dame dachte, schnürte es ihr die Luft ab.

Es hatte also nichts geholfen, ihr Mann musste sich selbstständig machen, und das tat er mit einer Metzgerei, die er allerdings bald den Bach heruntergewirtschaftet hatte. Ob es an ihm lag oder ob die Leute weniger Fleisch aßen, weil die Zeiten nicht für alle rosig waren, wusste sie nicht zu sagen. An ihr lag es jedenfalls nicht, sie war nicht so langweilig und betulich wie ihr Mann, den nichts und niemand auf Touren brachte. Marie kicherte, wahrscheinlich waren seine Kundinnen und Kunden beim Warten auf ihre Bestellung genauso eingeschlafen wie sie bei ihren ehelichen Pflichten. Charles hatte die Fantasie eines Karpfen – er sah bei der Liebe auch des Öfteren wie einer aus – und zelebrierte diese wie eine Schnecke. Sie war froh, dass sie ihn losgeworden war.

Aber davor erbte er wenigstens noch ein Vermögen, als sein Vater endlich das Zeitliche gesegnet hatte. Gerade noch zur rechten Zeit. Charles arbeitete ab sofort wieder im Familienunternehmen, das nicht nur genug Geld abwarf, sie konnte sich auch endlich ihren Traum von einer eigenen Nähwerkstatt erfüllen! Platz genug war ja im Haus, und da sie sehr geschickt mit Nadel und Faden umzugehen wusste und einen besseren Geschmack besaß als die meisten Frauen, mit dem sie übrigens auch nicht hinter dem Berg hielt, war sie beliebt bei ihrer Kundschaft. Sie scheute auch nicht vor großen Vorbildern zurück und kopierte manches Modell von Paul Poiret. Der hatte es immerhin vom Schirmmacher zum Meister der Haute Couture gebracht, auch wenn seine Voraussetzungen wesentlich besser gewesen waren als ihre. Daher durfte sie ruhig ab und zu nachschneidern, was er so teuer verkaufte. Zumindest bis er das Feld für Coco Chanel räumen musste. Das war nach dem Ersten Weltkrieg gewesen, der auch für Marie eine große Veränderung brachte: Endlich konnte sie in der Saint-Léonard Street ein eigenes Modegeschäft eröffnen, im Gegensatz zu ihrem Mann verstand sie nämlich auch etwas vom Wirtschaften. Immerhin konnte sie bald vier Arbeiter beschäftigen! Aber dann kam der Börsenkrach von 1929, der unzählige Existenzen in Grund und Boden stampfte und auch Marie und ihrem Gatten übel mitspielte.

Aber die Zeiten sollten auch wieder besser werden, erinnerte sich Marie. Drei Jahre später lief ihr nämlich auf dem Lebensmittelmarkt Lambert Beyer über den Weg. Was für ein schöner Mann er gewesen war, und dazu noch zwanzig Jahre jünger als sie! Und trotzdem hatte er ein Auge auf sie geworfen, auf sie und keine andere! Je mehr ihr Lambert den Kopf verdrehte und ihren Appetit auf Lust und Liebe weckte, umso deutlicher sah Marie, wie unnütz ihr Gatte eigentlich war. Schlecht war er nicht, aber alt und tödlich langweilig – und das sollte ihm schließlich zum Verhängnis werden. Außerdem hatte er schon längere Zeit bemängelt, dass sie sich abends gern hübsch zurechtmachte und in Nachtklubs ging. Immer wieder hatte er gemeint, sie kleide sich wie ein junges Mädchen, das wäre doch lächerlich. Geduld hatte sie lange genug mit ihm gehabt, hatte ihn auch bei der Liebe ordentlich gefordert und ihm gezeigt, dass sie genießen wollte und konnte, aber er war einfach zu nichts nütze. Und so geschah es ihm ganz recht, dass sie zur Flasche mit Herzglykosiden griff und ihm eine tödliche Ration in seinem Tee verabreichte. So lange war er ihr im Weg gestanden und so schnell war die Sache erledigt. Wenn sie das nur früher geahnt hätte! Noch dazu trug der Arzt Krebs in den Totenschein ein, besser hätte es gar nicht kommen können. Da solle noch einer etwas gegen Bauernschläue sagen, sie, Marie, besaß offenbar mehr als genug davon, um sich ein schönes Leben zu machen.

Und das tat sie. Immerhin reichte der Nachlass ihres verblichenen Gatten, um den sie in der Öffentlichkeit natürlich entsprechend trauerte, wie das von ihr erwartet wurde, um ein neues Bekleidungsgeschäft zu eröffnen. Und dann war sie nicht mehr zu halten! Tagsüber beriet sie alte Damen, kredenzte ihren Wunder wirkenden Tee und verdiente nebenbei noch ein ganz schönes Sümmchen extra. Wie das möglich war? Ganz einfach, sie hatte das Vertrauen der Frauen erworben und sie um ein Darlehen gebeten. Die Rückzahlung erfolgte dann in Form eines wohldosierten Herzstillstandes. Davor schnappten die dummen Weiber noch nach Luft, ihr Herz verlor seinen angestammten Rhythmus und pochte so heftig, als wolle es aus der Brust springen. Aber innerhalb kürzester Zeit kehrte Ruhe ein und Marie hatte wieder genug Geld, um sich eine Zeit lang ihren Ausschweifungen hinzugeben. Wann sonst, wenn nicht jetzt, wo sie ledig war und noch nicht so alt, dass sie sich hinter dem Ofen verkriechen musste? In den Nachtklubs von Lüttich war sie ein gern gesehener Gast, denn sie war freigiebig und man munkelte, dass sie nicht nur mit jungen Männern tanzte, sondern ihnen auch Geld für erwiesene Liebesdienste zusteckte. Es machte ihr Spaß, sie mit dem unrecht erworbenen Gut zu sich zu locken und dafür all das zu verlangen, wonach ihr der Sinn stand.

Marie streckte sich und stand auf. Lambert war mit der Zeit auch langweilig geworden, deshalb hatte sie sich eine Reihe von Nachfolgern angelacht. Und ihn zum Tee eingeladen, kurz und schmerzlos. Aber das geschah erst, nachdem er sie in seinem Testament mit einer anständigen Summe bedacht hatte. Sie war ja eine kluge Frau, die zu wirtschaften wusste. Immerhin war Lambert wohlhabend und sie beide hätten beinahe geheiratet. Dank teurer Vergnügungen zerrann leider auch sein Geld viel zu schnell zwischen ihren Fingern. Nur gut, dass alle jungen Männer sie für reicher hielten, als sie es war. Das war nicht ihre Schuld, Hauptsache, sie bekam von ihnen, was sie wollte. Nur galt es, immer wieder Nachschub zu bekommen. Mit ihrem Geschäft war das unmöglich, und so begann sie sich pflegebedürftiger Menschen anzunehmen. Sie zu vergiften und zu berauben, war ein Leichtes und nicht des Nachdenkens wert. Gerade bimmelte das Glöckchen an der Tür und Marie ging hinaus, um zu sehen, ob lohnenswerte Kundschaft eingetreten war.

Es war ihre Freundin, eine von denen, die sich ständig über ihren Mann beschwerten, aber nichts weiter taten, um sich aus dem Schlamassel zu befreien. Stundenlang klagte sie und erzählte einem ihre Geschichte, an der, so dachte Marie insgeheim, sie selbst ebenso ihren Anteil hatte. Wenn man dann alle möglichen Lösungswege vorschlug, hörte sie zwar zu, setzte aber nichts davon in die Tat um. Im Gegenteil! Nach wenigen Tagen stand sie abermals im Laden und beschwerte sich erneut über dies und das, als hätte man ihr nicht schon unzählige Ratschläge erteilt. Es war so, als wäre sie blind und taub, vielleicht bereitete es ihr auch einfach Vergnügen, sich im Mitleid einer Freundin zu suhlen. Marie zwang ein Lächeln in ihr Gesicht und begrüßte die Angekommene mit offenen Armen. Und dann ging die Litanei auch schon los, bereits auf dem Weg ins Hinterzimmer wurde sie mit den allerletzten bösen Worten und Taten des Gatten ihrer Bekannten überschüttet. Marie bot ihrer Besucherin einen Tee an, den diese dankend entgegennahm. Ihr Mann war wieder so schrecklich gewesen! Nichts konnte sie ihm recht machen, als dumme Kuh hatte er sie gar beschimpft! Marie dachte, dass es nun endlich an der Zeit wäre, Klartext zu sprechen, und riet ihr zu Digitalis. Bei der Witwe Damoutte, die sie gepflegt hatte, war diese Kur bestens angeschlagen. Was auch der Wahrheit entsprach, die vertrauensselige Dame lag seit über einem Jahr in ihrem kalten Grab und Marie hatte die 1200 geborgten Francs nie zurückzahlen müssen. Dass inzwischen auch noch einige andere Frauen hatten daran glauben müssen, verschwieg sie. Ungefähr ein Jahr zuvor hatte Marie eine Namensvetterin mit Nachnamen Ramacle zu Tode gepflegt. Diese erbrach sich nach einer guten Tasse Tee und verschied kurz darauf. Die Ärzte fanden schließlich heraus, dass eine Überdosis Digitalis ihren Tod verursacht hatte. Was eine kleine Dosis gut machen konnte, zerstörte eine allzu große, und statt den Herzschlag zu kräftigen, war er völlig außer Kontrolle geraten, und das arme, alte Herz hatte das naturgemäß nicht mitgemacht. Angeklagt wurde niemand, denn offenbar war die Behörde mit Blindheit geschlagen. Marie hatte nämlich schon ein Jahr zuvor eine richterliche Warnung erhalten, ihren Pfleglingen mit ihren angeblichen Hexenbrühen vom Leib zu bleiben.

Maries Freundin, die, wie es schien, tatsächlich nur hatte ihr Herz ausschütten wollen, verabschiedete sich daraufhin überraschend bald und informierte nach einigem Hin und Her, denn immerhin hatte Marie ihr stets geduldig zugehört, die Polizei.

Auch ein Gendarm, den sie einst geliebt und sogar am Leben gelassen hatte, sollte einen anonymen Brief verfassen und darin enthüllen, wie Marie Becker ihren ausschweifenden Lebenswandel finanzierte. Paul Castadot war zwar selbst verheiratet, als sie sich kennengelernt hatten, aber der junge Mann stach ihr sofort ins Auge und nur zu gern hätte sie ihn neben ihrem Geliebten zu ihrem zweiten Ehemann gemacht. Als sie ihn dann aber in flagranti mit einer anderen erwischte, war das nicht mehr möglich. In ihrem Herzen trug sie ihn weiterhin, doch das Testament, in dem sie ihn bedacht hatte, änderte sie.

Weitere denunzierende Briefe würden bei der Polizei, die schon hellhörig geworden war, weil Marie gar zu viele ihrer Pfleglinge unter den Händen wegstarben, noch eintrudeln. Auf dem Friedhof trauerte die tödliche Pflegerin übrigens stets lautstark: Weinend warf sie sich am Rande des Grabes zu Boden, damit nur alle sahen und hörten, wie gern sie die ihr Anvertrauten gehabt hatte. Nichtsdestotrotz tanzte sie noch am selben Abend im Nachtklub und fiel durch ihre anstößigen Bewegungen auf der Tanzfläche auf.

Auf elf Todesopfer würde sie es schließlich bringen, fünf weitere Personen entgingen ihrer hilfsbereiten Hand nur knapp. Man war sich bei der Polizei jedoch sicher, dass die Dunkelziffer der Opfer weitaus höher war und man von der doppelten Anzahl ausgehen konnte, nur fand man nicht in jedem der exhumierten Körper Gift, und das war nur eine der Schwierigkeiten, auf die die Beamten stießen. In der Wohnung der Verdächtigen aber würden sie fündig werden. Neben Gewand, Juwelen und persönlichen Gegenständen ihrer Opfer hortete Marie Becker nämlich 18 leere Flaschen Herzglykoside. Ein weiteres Fläschchen trug sie stets bei sich. Ihre Erklärung, dass sie herzleidend wäre, würde nicht so ohne Weiteres zu beweisen oder widerlegen sein, denn die von ihr angegebenen Apotheker hatten praktischerweise bereits das Zeitliche gesegnet. Und wenn die Beweislast zu drückend würde, könnte sie sich immerhin noch auf die eine oder andere Gedächtnislücke herausreden. Am 16. Oktober 1936 würden jedenfalls die Handschellen klicken und die Polizei sie abführen.

Die Öffentlichkeit wäre nicht nur gegen sie eingestellt, Sympathisanten würden sie mit Lucrezia Borgia vergleichen und in Marie Becker ein armes Opfer der Justiz sehen. Was sie selbst auch kräftig unterstützte, indem sie ihre Schuld leugnete. Alle, so würde sie zwanzig Monate später dem Richter frech ins Gesicht sagen, wären Lügner, nur sie nicht. Zehn Advokaten und 294 Zeuginnen und Zeugen logen demgemäß trotz Eides, was das Zeug hielt. Die Angeklagte war davon überzeugt, auch die 1800 Beweisstücke wären für sie ohne Belang. Erst wenn die Gerichtsmediziner ihre Ergebnisse präsentieren würden, würde sie zum Taschentuch greifen. Mit deren Aussage war der Traum von der ewigen Jugend, vom Tanzen, Trinken und Feiern bis in die frühen Morgenstunden, endgültig ausgeträumt. Gute fünf Jahre sollte dieser immerhin gedauert und etliche unschuldige Menschenleben gekostet haben. Reue suchte man bei der Angeklagten vergeblich, sie schien stolz auf ihr Werk und beschrieb den Tod des einen oder anderen ihrer Opfer. So sollte eines wie ein Engel ausgesehen haben, der an Sauerkraut erstickt. Beckers zerstörerische Vergnügungssucht wurde schließlich mit dem Todesurteil geahndet. Allerdings war dieses in Belgien seit dem Jahre 1863 nicht mehr verhängt worden, und so wurde es auch im Fall der Schwarzen Witwe Becker in lebenslängliche Verwahrung umgewandelt. Sie wurde nach Brüssel ins Zuchthaus überstellt. Vier Jahre hatte sie dort noch, bis der Tod sie holen würde. Ganz ohne Glanz und Glamour und ohne jugendlichen Galan würden ihr ganz unprosaisch akute Verdauungsprobleme den Garaus machen.

Marie Alexandrine Petitjean wurde (wahrscheinlich) im Jahr 1879 in Landen, Belgien, geboren. Sie kam als junge Frau nach Lüttich, wo sie im Textilgeschäft ihrer Tante arbeitete, dann fand sie als Näherin ihr Auskommen. Mit 26 Jahren lernte Marie ihren späteren Mann Charles Becker kennen, den Sohn eines Sägewerkbesitzers. Die beiden betrieben zunächst wenig erfolgreich eine Metzgerei, der Tod des Vaters brachte Charles viel Geld. So konnte seine Frau ihren Traum von einem eigenen Bekleidungsgeschäft wahrmachen. Mit 53 Jahren wandelte sich Marie Becker; sie hatte nun einen Geliebten, den Lebemann Lambert Beyer, und vergiftete ihren Mann, der ihr im Weg stand, mit Digitalis. Aber auch Lambert wurde ihr bald langweilig. Marie Becker begann ein ausschweifendes Leben in den Nachtklubs der Stadt und umgab sich mit wesentlich jüngeren Männern, die sie aushielt und für Liebesdienste bezahlte. Da die Einkünfte aus ihrem Geschäft dazu nicht reichten, begann sie ältere Kundinnen und Menschen, denen sie ihre Pflege antrug, zu vergiften. Nicht selten wurde Becker in deren Testament bedacht, oft schuldete sie einen Geldbetrag, den sie so nie mehr zurückzahlen musste. Entdeckt wurde Marie Beckers Treiben im Jahr 1936, vor Gericht wurden ihr elf Morde angelastet, fünf Menschen überlebten ihre Handreichungen, darunter auch ein Mann. Becker führt bis heute die Liste der belgischen Frauen an, die am meisten Menschen getötet haben.

ANNA BACHHOFER, MÖRDERIN AUS LEBENSLUST

Österreich

Es war eine Schande, so fanden alle anderen Lokalbesu-
cher, wie diese Frau mit dem jungen Mann scharmüzierte.
Man schrieb das Jahr 1913 und noch regierte der gebrech-
liche Kaiser Franz Joseph I. den Vielvölkerstaat. Deutlich
war zu sehen, dass die Frau älter war als ihr Auserwählter,
sogar um einiges, aber das hielt sie nicht davon ab, ihm um
den Bart zu streichen, Bier nachzuschenken, wann immer
sein Glas auch nur halbleer war, und mit einer Selbstver-
ständlichkeit und Unverschämtheit auf seinem Schoß zu
sitzen, die ihresgleichen suchte. So ein loses Weibsstück
fand man selten, es sei denn, es war eine von jenem Gewer-
be, das man als gute Hausfrau und Mutter nur vom Hören-
sagen kannte und über das man sowieso nur hinter vorgehaltener Hand sprach. Eine von denen, zu welchen die
Mannsbilder schlichen, um ihr Mütchen zu kühlen, wenn
sich sonst keine bereit fand, die Beine breit zu machen, oder
die Frau daheim schon wieder schwanger war oder fürchtete, es abermals zu werden.

Anna Bachhofer aber war ganz und gar keine Prosti-
tuierte, sie hatte eine ehrbare Arbeit, ja sogar etwas Geld,
entweder ihr eigens oder das ihres Mannes, aber ein loses
Weibsstück war sie allemal. Sie richtete es sich, wie sie es
brauchte. Drei ihrer vier Kinder hatte sie zur Adoption frei-
gegeben, so munkelte man, nur den sechsjährigen Josef hatte sie behalten. Ein stilles, ein braves Kind. Heiraten wollte

sie wieder, so erzählte man sich in Baden bei Wien, einen viel Jüngeren noch dazu. Vielleicht war es der, den sie gerade umschwirrte wie die Biene den Honigtopf, vielleicht aber auch ein anderer, ein Braver, der abends nach einem anstrengenden Tagwerk schlief. Man wusste viel übereinander und getratscht wurde sowieso immer, aber alles wusste man dann doch nicht. Dass die Wäscherin ihren ersten Ehemann ins Grab gebracht hatte, war jedoch allen klar. Es konnte gar nicht anders gewesen sein, denn er hatte wirklich gelitten unter ihrer ständigen Treulosigkeit. Und ihrer Genusssucht, die wiederum nur mit sauer verdientem Geld zu befriedigen war. Ein ums andere Mal war der arme Mann nächtens von Wirtshaus zu Wirtshaus gegangen, um sein liederliches Weibsbild heimzuholen. Meist fand er die Untreue dann auch, stets etwas angetrunken, aber immer noch so klar im Kopf, dass sie einem anderen Mann schöne Augen machen konnte. Zu allem Übel lud sie ihren Auserwählten auch gerne zu Speis und Trank ein, wenn das Bargeld reichte.

Was hatte ihr Ehemann gelitten, was hatten sie sich gezankt! Manchmal, wenn er gar zu verzweifelt war, versprach sie ihm, sich zu bessern. Zumindest um des Knaben willen, aber das war bald wieder vergessen und ihr Lotterleben nahm seinen Fortgang. Und dabei liebte er sie wirklich, ihre Lebensfreude, ihre Lust an der Lust, die doch ungewöhnlich war, denn die meisten Frauenzimmer waren kalt oder ließen das, was dem Mann so viel Genuss bereitete, einfach über sich ergehen, ohne eine besondere Regung. So aber war sie nicht, seine Anna, das hatte ihn stets bei ihr gehalten und natürlich auch der kleine Josef, den er ins Herz geschlossen hatte wie einen eigenen Sohn.

Aber irgendwann einmal war ihm auch das zu wenig, er wusste nur zu genau, dass sie unersättlich war und auch bei anderen lag. Und so hatte er schließlich einen Schlussstrich gezogen, einen endgültigen, auch damit er nicht wieder schwach wurde und ihr vergab, ein ums andere Mal. Er konnte Dinge beenden, obwohl es hieß, dass er nicht gerne losließ. Wenn er es dann aber doch tat, gab es kein Zurück, denn er machte keine halben Sachen. Und so brachte er sich gleich um, damit er all das nicht mehr sehen und miterleben musste und endlich seine Ruhe fand.

Wie sehr Anna um ihn trauerte, ob sie ihn geliebt hatte oder immer noch liebte, das wusste keiner zu sagen und gefragt hat sie auch nie jemand. Ihre Umgebung war vollauf damit beschäftigt, sich über ihren Lebenswandel das Maul zu zerreißen, wie man so schön und etwas unfein sagt. Alles was tiefer ging, ihre Enttäuschungen, etwaige Lieblosigkeit in der Ehe oder was es sonst noch so alles gibt, interessierte niemanden. Man beurteilte das, was man sah, rückhaltlos, alles was Nachdenken erforderte ließ offenkundig Schuldige weniger schuldig erscheinen, und dann machte das Ganze nur noch halb so viel Spaß. Und so saß Anna weiterhin auf dem Schoß ihres jungen Galans und die Menschen fragten sich, was der an der Witwe mit dem kleinen Sohn fand, die nichts hatte und sich nichts sehnlicher wünschte, als aus ihrem armseligen Heim auszubrechen, aufzusteigen in ein Leben, das weniger von Mühe und Plage geprägt war, und einen Mann zu finden, der ihr all das und noch mehr zu bieten verstand.

Und Anna war, das musste ihr der Neid lassen, auf einem guten Weg, wenn auch nicht auf dem rechten. Denn wer gab sich, selbst wenn er schon einmal verheiratet war, so rückhaltlos und noch dazu in aller Öffentlichkeit, dem Genuss hin? Wer drückte seinen Mund so gierig auf den eines anderen und ließ alle Welt dabei zuschauen? So etwas tat man daheim, im stillen Kämmerlein, wenn alle anderen schliefen, die Kinder und die Alten, die einen voll seliger Zukunftsträume, die anderen traumlos, aber glücklich, weil sie das Zipperlein gerade einmal nicht plagte. Nun, die Witwe würde wieder heiraten, das hatte sie schon freudestrahlend herumerzählt, und ihr junger Beinahe-Ehemann schien zufrieden, wenn man sah, wie flink seine Hand den Allerwertesten der Frau tätschelte und wie er sie ab und zu schmunzelnd kniff, worauf sie quietschend aufsprang und ihm zuerst eine Ohrfeige androhte und dann einen lauten Schmatz mitten auf den Mund gab. Wie die sich aufführte, skandalös! Aber spannend zum Zuschauen und darüber Reden allemal, jedenfalls wenn daheim nichts mehr lief und man zu träge geworden waren, sich selbst das Leben zu versüßen.

Anna Bachhofer hielt nichts von all jenen, die so offensichtlich kein eigenes Leben hatten und das der anderen mitführen wollten. Die lüstern mit den Blicken an ihr und ihrem nächsten Ehemann hingen, weil sie selbst schon verdorrt waren wie alte Zwetschken und sich nur an dem weiden konnten, was andere trieben. Sie hatte genug von all der Armut, der täglichen Mühsal, ihrer ersten Ehe, die so abrupt geendet hatte. Natürlich hatten die Leute ihr die Schuld daran gegeben, dass ihr Mann Schluss gemacht hatte. Nicht mit ihr, sondern mit seinem Leben. Er war immer schwach gewesen, das hatte sie gewusst und sie hatte sich auch gewundert, dass er ihr so viel hatte durchgehen lassen.

Aber so war er nun einmal gewesen, und sie hatten sich recht gut vertragen. Sie hatte für ihn gekocht, genäht und all die anderen Dinge getan, die ihr bescheidener Haushalt verlangte, im Gegenzug hatte sie nur etwas Freiheit verlangt. Dass er letztlich nicht mehr zu ihrer Vereinbarung stehen konnte oder wollte, war allein seine Schuld. Durch seinen Tod stand ihr die Welt wieder offen. Es war endlich an der Zeit, sozial aufzusteigen und all das zu finden, wonach sie sich seit jeher sehnte.

Aber wie es nun einmal so ist, spricht stets etwas gegen Pläne wie diesen. Mal ist es das Alter, dann das Aussehen, mal die alte Mutter, die noch zu versorgen ist, und manchmal das eigene Kind. Gegen das Alter und das Aussehen konnte und wollte Anna nichts tun, sie war damit zufrieden. Eine alte Mutter hatte sie nicht zu pflegen, aber der kleine Josef schien sie an all ihren kühnen Wünschen und Aufstiegsplänen zu hindern. Wobei der Sechsjährige weder etwas sagte noch tat, was dies untermauerte, aber er war nun einmal da und das war zu viel für seine Mutter. Wie ein Klotz hing er an ihrem Bein, wie ein Mühlstein um ihren Hals, so fürchtete sie, und mit dem letzten Gedanken kam ihr ein anderer, einer, den eine gute Mutter nicht einmal ansatzweise denken könnte. Aber Anna Bachhofer stand sich selbst am nächsten und um ihre eigenen Wünsche zu erfüllen, tat sie so manches, was andere niemals tun würden.

Sie konnte einfach nicht anders, denn immerzu fühlte sie sich von dem ruhigen Knaben beobachtet. Egal, ob sie vor sich hinpfiff und dabei an die letzte Nacht mit ihrem jungen Verehrer dachte oder ob sie es gerade mit ihm trieb und der Junge wieder einmal hereinplatzte. Ihr Geliebter würde sie niemals heiraten wollen, wenn der kleine Balg immer wieder versuchte, zu ihnen ins Bett zu steigen. Außerdem mochte er den Jungen nicht so recht, weil es nicht sein eigener war und er ihn daran erinnerte, dass Anna vor ihm schon andere Männer gehabt hatte. Er selbst war auch kein Kind von Traurigkeit, aber was Männer durften, durften Frauen noch lange nicht und so sollte es auch in Zukunft bleiben. Es musste jedenfalls etwas geschehen, und das schnell. Und es sollte keine kurzfristige Lösung sein und auch nichts, worüber die Leute wieder tratschen würden. Eine langfristige Lösung war gefragt, eine stille und heimliche und da Anna resolut war und durchzog, was sie sich vornahm, war es nur eine Frage der Zeit, bis sie ihren Plan in die Tat umsetzen würde.

Am 22. November war es dann so weit. Anna Bachhofer nahm ihren Knaben an der Hand und stieg mit ihm an der Bahnstation Baden bei Wien in den Zug nach Kindberg in der Steiermark. Warum sie gerade auf diesen Ort gekommen war, blieb ihr Geheimnis, wie so vieles in ihrem Leben. Oft ist es der äußere Schein, nach dem wir von unseren Mitmenschen beurteilt werden. Vielleicht aber sind und denken wir ganz anders, als alle glauben, aber wer sollte das wissen, wenn wir darüber weder sprechen noch schreiben. Anna wollte weder das eine noch das andere, sie wollte leben. Und so nahm sie ihren Jungen fester an der Hand, als die beiden durch Kindberg gingen. Sie suchte nach dem idealen Platz für ihr Vorhaben und kam schließlich zum Werkskanal der Sensenwerks-Aktiengesellschaft. Ein abendlicher Spaziergang, der kein Aufsehen erregte, doch der kleine Josef beklagte sich, weil er im Finstern Angst hatte.

Seine furchtlose Mutter wusste sofort Rat: Sie betrat mit ihm die Brücke, küsste ihn zum Abschied, schob ihn unter dem Brückengeländer hindurch und ließ ihn ins Wasser gleiten. Ein leiser Schrei, ein Plätschern, zuckende Arme, ein Haarschopf, dann glättete sich der Wasserspiegel und Stille umfing sie. Entschlossen wandte Anna Bachhofer sich ab und ging festen Schrittes zum Bahnhof zurück. Dort fragte sie im Wartesaal einen Stationsarbeiter, wann denn der nächste Zug nach Baden gehe, und löste einen Fahrschein. Dass sie sich ohne den Jungen einiges an Geld sparen würde, war nur eine der Annehmlichkeiten, die sie in Zukunft zu genießen gedachte.

Bereits am Morgen des nächsten Tages wurde der kleine Leichnam gefunden. Er hatte sich im Rechen des Werkskanals verfangen. Die gerichtsärztliche Obduktion ging davon aus, dass er an die zehn Stunden im kalten Wasser gelegen hatte. Verletzungen wies der Knabe keine auf und es wurde auch hervorgehoben, dass er nicht nur vollständig bekleidet, sondern auch körperlich gut entwickelt war. Zwei Tage später wurde die Kindsmutter verhaftet. Zeugen hatten sie gesehen, unter anderem der Stationsarbeiter Clemens Fladl in Kindberg, manche sich gewundert, wo denn der Knabe hin wäre, und so hatte man ihr die Gendarmerie auf den Hals gehetzt. Anna Bachhofer war geständig. Sie weinte und klagte über die wirtschaftliche Not, die sie als arme, verzweifelte Witwe zu dieser Tat getrieben hätte. Doch als die Beamten sich umhörten, entstand in ihren Köpfen schnell ein anderes Bild der Angeklagten, nämlich das eines liederlichen Frauenzimmers, das von Heiratslust und dem »Trieb zum Manne« bestimmt war. Sie wurde als Rabenmutter bezeichnet und dass sie ein Auge auf einen jüngeren Mann geworfen hatte, war ohnehin unverzeihlich.

So war es kein Wunder, dass der zwar kurze, aber alle Pläne Anna Bachhofers für immer durchkreuzende Prozess mit Spannung erwartet wurde. Kindsmörderinnen gab es in jenen Tagen viele, aber meistens waren es arme Mädchen, die ein Mann ins Unglück gestürzt und dann sitzengelassen hatte. Da sie nicht ein noch aus wussten, versuchten sie sich der Frucht ihrer verbotenen Liebe zu entledigen. Sie warfen ihr Neugeborenes in den Abort, erstickten es mit einem Fetzen oder Polster und verscharrten es in der Erde, oder ähnliche Dinge mehr, aus der Not geboren und keineswegs durchdacht. In Fällen wie diesen kannte das ehrbare Gericht durchaus Milde, nicht jedoch, wenn Kalkül hinter all dem steckte. Wie konnte eine Mutter, so fragte man sich hinter vorgehaltener Hand und bald auch ohne Scheu in der Öffentlichkeit, ihr Kind ertränken, das sie jahrelang betreut und gut gehalten hatte? Wie konnte sie den kleinen Josef loswerden wollen, hatte diese Frau denn gar kein Herz für ihr eigen Fleisch und Blut?

So ragte Anna Bachhofer aus der Masse der mordenden Mütter heraus. In ihrem Fall bestimmte dann auch das Wissen um ihren gar zu offen zelebrierten unsittlichen Lebenswandel die Anklage. Wer sie je beim Scharmüzieren beobachtet hatte, gönnte dem losen Frauenzimmer das, was jetzt auf sie zukam. Wo kam man denn da hin, so ein Vorbild zu geben, auch wenn, aber das gab man nur ungern zu und keineswegs öffentlich, allein das Hinschauen ein Vergnügen gewesen war. Wie in einem unsittlichen Roman war man sich vorgekommen und dabei doch ganz und gar unschuldig geblieben. Oder etwa nicht? Die Staatsanwaltschaft jedenfalls wollte nachweisen, dass Anna Bachhofer ganz andere als die von ihr genannten Gründe zur Tat getrieben hatten. Und natürlich wollte sie auch die Geschworenen davon überzeugen, dass das uneheliche Kind hatte weichen müssen, damit seine Mutter ungehindert ihrer Genusssucht frönen konnte.

Natürlich wurden jetzt all jene Dinge ausgegraben, die längst unter der Erde ruhten, und es hieß nun öffentlich, der Freitod ihres Ehegatten wäre allein die Schuld des miserablen Weibsbildes gewesen. Auch dass sie ihrem kleinen Sohn, bevor sie ihn dem Wasser überlassen hatte, nach eigenen Worten einen Kuss gegeben hatte, stimmte die Geschworenen nicht milder. Sie hatten sich ihre Meinung wohl schon vor dem Prozess gebildet; Ordnung musste sein und wer aus der Reihe tanzte, musste bestraft werden, und zwar so, dass es auch für andere, die Ähnliches planten, abschreckend genug war. Über das Strafausmaß, das die Kindsmörderin Anna Bachhofer ausfasste, breitete sich der Schleier des Vergessens. Gemeinhin wurden Vergehen wie das ihre mit zehn bis zwanzig Jahren Kerker, verschärft durch Fasttage und Dunkelhaft am Tag des Verbrechens, geahndet.

Die 1875 geborene Anna Haberkorn war Wäscherin. Mit 24 Jahren lernte sie den Arbeiter Anton Bachhofer kennen, das Paar heiratete 1904. Sieben Jahre später nahm sich Bachhofers Mann das Leben. Die Staatsanwaltschaft Leoben vermutete, dass Anna Bachhofer am Freitod ihres Mannes nicht unschuldig war. Sie hielt nebenher Männer aus, sodass ihr unglücklicher Gatte quasi dafür arbeitete, dass sie sich anderweitig vergnügen konnte. Drei ihrer vier Kinder kamen außer Haus, sodass nur noch der jüngste Sohn bei der Witwe verblieb. Der 1908 geborene Josef war nach Aussagen der Nachbarn ein nettes und bescheidenes Kind. Bei ihrer Verhaftung gab die Kindsmörderin drückende Armut als Grund für ihre Tat an, was nicht den Tatsachen entsprach. Seit Jahren unterhielt die 38-Jährige ein Verhältnis zu einem 22-jährigen Zimmermann, den sie gerne geheiratet hätte. Sogar als dieser 1912 zum Militär einrücken musste, schickte sie ihm noch Geld nach. Gleichzeitig hatte sie einen anderen Geliebten. Anna Bachhofer versuchte, Josef bei Pflegeeltern oder ihrem Bruder unterzubringen, aber das gelang ihr nicht. Sie ließ wiederholt die Absicht verlauten, ihren Sohn zu beseitigen, und wählte Kindberg als Tatort aus, weil dort der Vater des Jungen wohnen sollte. Am 22. November 1913 fuhr sie von Baden nach Kindberg, wo sie ihren Sohn Josef tötete. Da der Zug zurück nach Baden erst Stunden später fuhr, traf Bachhofer den angeblichen Kindsvater Josef Ramberger, mit dem sie ins Wirtshaus ging. Am 23. November wurde die Leiche des Kindes gefunden, am 25. bereits die Täterin, die im Zug mit dem Knaben gesehen worden war, verhaftet. Die Unzufriedenheit mit ihrem bescheidenen Leben, der Trieb zum Manne und Heiratslust hatten das Schicksal ihres unschuldigen Kindes besiegelt. Der Fall der Anna Bachhofer wurde von Christian Bachhiesl in dem im Jahr 2007 erschienenen Sonderband des Historischen Jahrbuchs der Stadt Graz »Stadt und Eisenbahn – Graz und die Südbahn« unter dem Titel »Der Zug zum Verbrechen. Zur kriminalhistorischen Bedeutung der Eisenbahn« anhand der Quellen dargelegt.

Danksagung

Autorinnen und Autoren, die Kriminalromane schreiben, müssen nicht zwingend böse sein. Sie können auch Regenwürmer retten und von Kinderfilmen Albträume bekommen. Vielleicht leben sie mit dem, was sie schreiben, das aus, was in jedem von uns steckt: eine dunkle Seite.

Meine Erzählungen haben diesmal einen explizit historischen Hintergrund. Geschichte hat mich seit jeher fasziniert und die Psyche des Menschen ist ein weites, spannendes Feld.

An dieser Stelle möchte ich mich herzlich bei jenen Menschen aus meinem persönlichen Umfeld bedanken, die stets für mich da waren, wenn ich eine Tasse schwarzen Tee mit Milch oder eine weitere Tafel Schokolade gebraucht habe! Ihr wisst, wen ich meine! Ganz besonders auch bei Benjamin, der stets an mich geglaubt hat und bei Bedarf sein aufmunterndes Lächeln oder eine Kuscheleinheit für mich bereithielt. Nichts anderes wünscht man sich von seiner Muse.

Ein ganz besonderes Dankeschön gilt meiner Mutter Carmen und meinen Freundinnen Annemarie und Evelyn, die mir als unerschrockene Testleserinnen zur Seite standen.

Auch meiner Verlegerin Anita, die immer wieder nach einem neuen Buch gefragt und nicht lockergelassen hat, bis sie dieses Manuskript in Händen hielt, danke ist nachdrücklich. Ihrem tollen Verlagsteam, von meiner geschätzten Lektorin Maria bis hin zu Robert, der seines Zeichens für das Layout verantwortlich ist, gilt ebenfalls mein Dank. Und meinem lieben Kollegen in Sachen Mord(s)lust, Robert Preis, der das Vorwort verfasst hat.

Last but not least sei auch all meinen Leserinnen und Lesern von Herzen gedankt! Ohne eure Treue und euer Interesse an meinen Werken wäre dieses Buch nie entstanden!

Mirella Kuchling, Verfasserin der erfolgreichen Frauenzimmer-Trilogie (edition keiper, 2011–2013), mordet seit ihrer Teilnahme am 1. Fine Crime Festival in Graz leidenschaftlich. Natürlich nur auf dem Papier. Mit »13 x Mord« legte sie 2018 ihre erste Sammlung von Geschichten rund um Mord und Totschlag vor. Im vorliegenden Band »Mörderische Frauenzimmer« erweckt die Autorin historische Kriminalfälle zu neuem Leben und zeigt, dass das schwache Geschlecht mindestens genauso grausam morden kann wie das starke. Mehr Infos über die Autorin unter www.mirella-kuchling.at